MORS TURPISSIMA CRUCIS:
DIE KREUZIGUNG IN DER ANTIKEN WELT
UND DIE "TORHEIT" DES "WORTES" VON KREUZ

MARTIN HENGEL

Martin Hengel
Mors turpissima crucis:
Die Kreuzigung in der antiken Welt und die "Torheit" des "Wortes" von Kreuz

초판1쇄   2020.02.14.
초판3쇄   2023.09.18.
지은이   마르틴 헹엘
옮긴이   이영욱
편 집   강산 이영욱 이지혜
발행인   이영욱

발행처   감은사
전 화   070-8614-2206
팩 스   050-7091-2206
주 소   서울시 강동구 암사동 아리수로 66, 401호
이메일   editor@gameun.co.kr

ISBN   9791190389020
정 가   14,500원

이 도서의 국립중앙도서관 출판예정도서목록(CIP)은 서지정보유통지원시스템
홈페이지(http://seoji.nl.go.kr)와 국가자료종합목록시스템(http://www.nl.go.
kr/kolisnet)에서 이용하실 수 있습니다. (CIP제어번호 : CIP2020002739).

십자가 처형

마르틴 헹엘 지음

이영욱 옮김

| 목차 |

* 옮긴이의 일러두기

(1) 본서의 저본은 독일어판이지만, 본서 말미에 수록된 '추기'에서 밝히고
있듯, 이 판이 1977년 존 보우덴에 의해 영역되면서 몇몇 특정 고대 작가들
의 자료들이 집중적으로 추가되었습니다. 이에 한국어판에서는 영역판에 추
가된 고대 자료 및 보우덴의 설명을 〔겹괄호〕를 사용하여 추가했음을 밝힙니
다. 반면 〔홑괄호〕는 역자의 첨언 내지 주를 가리킵니다.

(2) 무수한 인명이 등장하기에 본문 내에서 한독병기를 피하고자 했습니다.
    인명의 독일어 음역은 책 뒷편 '성구/인명 색인'을 확인하시기 바랍니다.

(3) 그리스, 라틴 고대 문헌들은 헹엘의 논지를 돋보일 수 있도록 최대한 자
    유롭게 번역했습니다(그 예로, 단복수나 시제를 엄격하게 지키지 않았습
    니다).

(4) 한독병기시 곡용 및 활용된 형태를 그대로 실었습니다.

(5) 독일어는 일반체, 라틴어는 이탤릭체를 사용합니다.

(6) "디아도코이"라는 단어는 자체가 "계승자들"을 의미하는 복수형이지만,
    잉여적으로 보이더라도 "디아도코이들"이라고 표기했습니다.

(7) 일부 역주는, 『성서학 용어 사전』(서울: 알맹e, 2019)에서 요약, 인용했
    음을 밝힙니다.

(8) 마지막 장인 '요약'의 9항 마지막 두 문장은 확장된 영역판의 설명으로
    대체했습니다.

서문
극도로 처참한 십자가의 죽음:
고대 세계의 십자가 처형과
십자가 "말씀"의 "어리석음"

원 제목을 구성하고 있는 세 단어 *mors turpissima crucis*("극도로 처참한 십자가의 죽음")는 본래 오리게네스의 『마태복음주석』(Origenes, *Comm. in Mt.* zu 27,22ff (Klostermann, GCS 38, 259))에 나타난 표현, "살인자의 생명 뿐 아니라 무고한 자의 죽음을 요구하는, 극도로 처참한 십자가의 죽음"(*non solum homicidam postulantes ad vitam, sed etiam iustum ad mortem et mortem turpissimam crucis*)에서 유래한 것으로 본서의 내용을 아주 압축적으로 잘 보여줍니다. J. 슈나이더(Schneider)(*ThWNT* VII, 573 Anm. 15)는 이 어구가 타키투스의 인용문에서 유래한 것이라고 생각했지만, 슈나이더는 P. 윈터(Winter, *On the Trial of Jesus* (SJ 1), Berlin, 1961, 185, Anm. 21)가 세미콜론을 사용하여 타키투스와 오리게네스를 분리시켜

나란히 인용했다는 사실을 간과한 것 같습니다. 저는 특별히
이 표제어구의 복잡한 사실관계를 밝혀준 저의 조교 헬무트
킨레(Helmut Kienle)에게 감사를 표하고자 합니다. 그는 인용구
들을 점검하고 흩어져 있는 자료들을 모았으며 증거자료들을
정확하게 읽는 데에 있어서 아낌없는 수고를 해주었습니다. 또
한 저는 필사본들을 타이핑 해준 고트프리드 쉬마노프스키
(Gottfried Schimanowski)에게 특별히 감사의 뜻을 전합니다. 저는
더욱이 세 단어 "프로셀룬"(προσηλοῦν: '못박다'), "스타우로스"
(σταυρός: '십자가'), "스타우룬"(σταυροῦν: '십자가에 못박다')에 대한 요
세푸스의 증거들을 알려준 동료 교수, 뮌스터대학교의 렝스토
프(Rengstorf)와 "파티블룸"(patibulum: '형틀', '교수대')을 다루고 있
는 『라틴어 백과사전』(Thesaurus Linguae Latinae)에 큰 빚을 졌습니
다. 이 라틴어 사전은 "크룩스"(crux: '십자가'), "크루키피고"(cruci-
figo: '십자가에 못박다') 등과 같은 표제어들에 대하여 가장 풍부한
자료들을 제공하고 있습니다(Bd. IV, Sp. 1220ff). H. 스테파누
스(Stephanus)의 『헬라어 백과사전』(Thesaurus Graecae Lainguae, 9
Bde., Nachdruck Graz 1954)에 나타나는 "아나르타오"(ἀναρτάω: '매달
다'), "아나스콜로피조"(ἀνασκολοπίζω: '찔러서 고정시키다', '말뚝형에
처하다'), "크레만뉘미"(κρεμάννυμι: '매달다', '내걸다'), "프로셀로오"
(προσηλόω: '못박다'), "사니스"(σανίς: (범죄자를 묶거나 못박는) '널빤지')
와 "스타우로스"(σταυρός: '십자가')에 대한 설명은 옳기는 하지

만, 다양한 헬라 작가들의 개별적인 용례를 따라 보충될 필요
가 있습니다.

　이 연구에서 가능한 모든 자료들을 포함시키려고 했지만
시간의 제약으로 인해 많은 인용구들—특히 많은 작가들에 대
한 충분한 증거자료가 제시되지 않았기 때문에—은 제 주의를
끌지 못했습니다. 십자가 처형이라는 주제에 대한 핵심적인 작
품들은 본서 말미 참고문헌에 실었습니다. 특히 〔립시우스〔Lip-
sius〕〕, A.C.A. 체스터만〔Zestermann〕, J. 슈톡바우어〔Stockbauer〕, H. 풀
다〔Fulda〕, A.D. 케라모풀로스〔Keramopoullos〕, J. 블링츨러〔Blinzler〕,
E. 딩클러〔Dinkler〕 및 C.D. 페딩하우스〔Peddinghaus〕의 저작들과
더불어 H.-W. 쿤〔Kuhn〕의 연구, 그리고 너무 간략하여 아쉽기
는 하지만 H.F. 힛치히〔Hitzig〕와 K. 라테〔Latte〕가 *Pauly-Wissowa*
에 기고한 소논문들을 참고하십시오. 몸젠〔Mommsen〕의 명저
『로마형법』〔*Römisches Strafrecht*〕은 십자가 처형을 법정적인 측면
에서 다룰 때에 여전히 가장 중요한 작품으로 평가되고 있습
니다. 십자가 처형의 법정적인 문제들을 다루고 있는 최근의
연구들은 대부분 우리를 실망시키곤 합니다. 심지어 L. 벵어
〔Wenger〕의 기념비적인 작품, 곧 『로마법출전』〔*Die Quellen des Rö-
mischen Rechts*, Wien, 1953〕의 방대한 색인에서도 "십자가"〔Kreuz〕나
"십자가 처형"〔Kreuzigung〕이라는 표제어를 찾아볼 수 없습니다.
로마형법에 관한 보다 후기의 작품들, 예를 들자면 W. 쿵켈

〔Kunkel〕의 『소법전』〔*Kleine Schriften. Zum römischen Strafverfahren und zur römischen Verfassungsgeschichte*, Weimar, 1974〕에서도 마찬가지이고, P. 가른지〔Garnsey〕의 『로마제국에서의 사회적 지위와 법적 특권』 〔*Social Status and Legal Privilege in the Roman Empire*, 1970, 126ff.〕은 약간 의 예를 다루고 있을 뿐입니다. 저는 본서 및 법의 역사에 대한 수많은 연구들에 관심을 기울이게 해준 W. 푈만〔Pöhlmann〕 박사 에게 감사를 표합니다. 여전히 고대—유대 세계를 포함하여— 의 십자가 처형과 사형법에 관한 종합적인 연구가 절실히 필 요합니다. 본 원고를 꼼꼼하게 읽어준 나의 동료 H. 칸킥〔Can-cick〕은 이 연구를 향상시키고 보충하는 데에 유용한 제안들을 해주었고, 또한 파리의 루이 로베르〔Louis Robert〕는 (편지를 통 해) 중요한 자료들을 보내주었습니다. 이들에게 감사의 마음 을 전합니다.

1976년

마르틴 헹엘

Martin Hengel

제1장
십자가에 달린 하나님 아들의 "어리석음"

고린도전서 1:18에서 바울은 "십자가의 말씀"이 "멸망하는 자들"에게는 "어리석은 것"〔Torheit: 개역성경에서는 "미련한 것"—역주〕이라고 말한다. 더 나아가 〔23절에서는〕 그리스도께서 십자가에 달리신 것이 유대인들에게는 "모욕적인 것"〔Ärgernis: 개역성경에서는 "거리끼는 것"—역주〕이며 이방인들에게는 "어리석은 것"〔Torheit〕이라고 진술하면서 이 논지를 강화한다. 이때 사용된 그리스어 "모리아"〔μωρία: 어리석음, 미련함〕의 개념은 단순히 지적 결함이나 초월적 지혜의 부족함을 가리키는 것이 아니다. 여기에는 더 많은 것들이 함의되어 있다. 유스티누스는 우리에게 이 의미를 잘 보여준다. 그는 기독교의 메시지에 담긴 불쾌함을 "미친 것"〔μανία〕으로 달리 표현하면서도, 이 격하된 표현을 십자가에 못박힌 예수의 신적 지위와 구원의 의미를 믿는 기독교 신앙을 가리키는 것으로 다시 환원시켜 놓았다.

> 그들은 우리가 **십자가에 처형된** 인간을 세상의 창조주이자 영원
> 불변 하시는 하나님의 다음 위치에 놓는 것을 **미쳤다고** 말한다.
> (*Apologie* I, 13,4).

이후에 유스티누스는 "제우스의 아들들"도 악한 존재들에
게 신비한 능력 및 하늘로 승천하는 모습을 보여주었다는 것
을 인정했지만, "어떠한 경우에도 … 이들에게 십자가 처형을
모방한 흔적은 나타나지 않는다"(55,1)라고 이야기했다.[1] 십자

---

1. 이에 유일하게 반하는 진술은 Justin, *Apologie* I, 22,3f에 나타나는
    〔조건부〕 단언뿐이다. "하지만 그〔그리스도〕가 〔실제로〕 십자가에 달렸
    다는 것을 부정한다면〔εἰ δὲ αἰτιάσσαιτό τις〕, 그리스도의 고난은 제우스
    의 아들들이 겪었던 고난과 다를 바가 없게 된다. 그리스도의 것은
    저들의 수난이나 죽음과는 성격이 다르다. 그리스도는 자신의 독특
    한 죽음으로 인해 더 열등한 존재가 되는 것이 아니다—오히려 우
    리는, 기대하는 바와 같이, 계속 되는 논증을 통해 그리스도가 오히
    려 제우스의 아들들보다 우월한 존재라는 것을 내보일 것이다." 이
    변증적 발화로부터 분명히 확인할 수 있는 것은, 예수의 불명예스
    러운 십자가 처형이 하나님 아들로서의 자격에 반대할 만한 주요
    한 근거였다는 점이다. 유스티누스는 이에 대해 반박하면서, 제우
    스의 아들들의 죽음이 다양한 형태로 전승되고 있다는 점과 예수
    의 죽음으로 인해 그가 저평가 되어서는 안 된다는 것, 더욱이 결
    정적인 것은 예수의 죽음 자체가 아니라 예수의 행위임을 역설한
    다〔ὁ γὰρ κρείττων ἐκ τῶν πράξεων φαίνεται〕. 참조, Justin, *Dialog mit dem*

가 처형이야말로 〔기독교의〕 새로운 메시지와 다른 모든 민족들의 신화들을 구분 짓는 것이 된다.

이 "모리아"〔μωρία: '어리석음'〕와 "마니아"〔μανία: '미친 것'〕라는 표현 해석은 가장 초기의 이교도들이 기독교를 어떻게 평가하고 있는지 보여준다. 소 플리니우스는 그리스도인들이 그들의 주를 "신에게 하듯이"〔quasi deo〕 찬양한다는 것을 듣고서 그리스도인인 두 노예 소녀를 고문하기도 했다(Epistulae 10,96,4-8). 물론 그 결과는 기대에 미치지 못했다.

> 나는 황망하고 극단적인 미신 외에는 아무것도 발견하지 못했다. (nihil aliud inveni quam superstitionem pravam immodicam.) (Epistulae 10,96,4).

신과 같이〔quasi deo carmen dicere〕 존경을 받았던 한 사람이 국가사범으로 몰려 로마 당국에 의해 십자가에 달리게 되었다는 이야기는 로마 관료였던 플리니우스에게 있어서 특히나 불편했을 것이다.[2] 기독교를 "유해한 미신"〔exitiabilis superstitio〕이라고

Juden Tryphon 8,3; 10,3; 90,1; 137,1ff; M. Hengel, Der Sohn Gottes, Tübingen 1975, ²1977, 140f. = Ders., Studien zur Christologie. Kleine Schriften IV (WUNT 201), Tübingen 2006, 143f. = The Son of God, 1976, 91f.

2. 플리니우스와 그리스도인들에 대해서는 무엇보다도, R. Freunden-

거침없이 말하였던 플리니우스의 친구 타키투스도 기독교 창
시자의 수치스러운 운명에 대하여 알고 있었다.

> 크리스투스—그리스도교(기독교)라는 이름의 기원이 된—는 티
> 베리우스의 재임 기간 중 지방행정관 본디오 빌라도의 손에 극
> 한 형벌을 받게 되었다. (*auctor nominis eius Christus Tiberio im-*
> *peritante per procuratorem Pontium Pilatum supplicio adfectus*
> *erat.*)

타키투스의 표현에 따르면, 그리스도에게서부터 발흥했던
그 "악한"(*malum*) 종교는 삽시간에 퍼져, "극악무도하고 수치
스러운 온갖 종교들이 세계 각지에서 모여들어 대중화된"(*quo*
cuncta undique atrocia aut pudenda confluunt celebranturque)(*Annals*
15,44,3) 로마에 이르렀다. 타키투스의 이 간명한 지식—경멸에
찬 시선과 같은—은 자신이 아시아 지방의 통치자로 있었을 때
에 그리스도인들을 재판(심문)하는 과정에서 가지게 되었을 것

---

berger, *Das Verhalten der römischen Behörden gegen die Christen im
2. Jahrhundert* (MBPF 52), München ²1969, 189ff. "superstitio" 항목
을 보라. Horaz, *Satires* 2,3,79f에서는 미신을 정신적인 질병에 포함
시키고 있다. "사치나 우울한 미신, / 어떤 정신적인 혼란에 열광하
는 사람은 누구든지 …"(*quisquis luxuria tristie superstitione / aut alio mentis
morbo calet …*).

이다.[3]

　〖대화편인 『옥타비우스』〔*Octavius*〕에서 미누키우스 펠릭스
는 이교도 대화자인 카이킬리우스의 입을 빌려 반-기독교 논
쟁을 시작한다. (이러한 반-기독교 논쟁은 부분적으로는 마르
쿠스 아우렐리우스 시대의 유명한 웅변가인 코르넬리우스 프
론토에게까지 거슬러 올라갈 수 있다.) 카이킬리우스에 따르
면, 그리스도인들은 "병약한 망상들"〔*figmenta male sanae opinionis*〕
(11,9), 말하자면 "노파들이 믿을 만한 미신"〔*anilis superstitio*〕을
맹신하게 하거나 모든 참된 종교를 파괴〔*omnis religio destruatur*〕
(13,5)시키는 "몰상식하고 열광적인 미신"〔*vana et demens supersti-*

3.　그리스도인들에 대한 타키투스의 언급은, H. Fuchs, Der Bericht über
die Christen in den Annalen des Tacitus, in: *Tacitus*, hg. von V. Pöschl
(WdF 97), Darmstadt 1969, 558-604; Freundenberger, Verhalten
(Anm. 3), 180ff; R. Syme, *Tacitus*, Bd. II, Oxford 1958, 468f., 532f를
보라. 또한 E. Koestermann의 주석, *Cornelius Tacitus Annalen*, Bd.
IV: Buch 14-16, Heidelberg 1968, 253ff를 보라. 이에 따르자면, 네로
가 그리스도인들을 박해했던 것이 아니라 "수에토니우스(Cladius
25,4)에 의해 유명해진 선동가 크레스투스를 따르는 유대인들—타
키투스가 잘못해서 그리스도인들과 동일시했던 사람들"(253)—을
박해했다는 이론은 유지될 수 없다. 또한 내 견해에 따르면, 위 본
문의 인용문에서 언급된 "극심한 형벌"〔*supplicio adfectus*〕이라는 표현
은 "노예의 형벌"〔*servile supplicium*〕을 암시하고 있다. 참조, Valerius
Maximus 8,4,1; *Scriptores Historiae Augustae* 15,12,2; Hadrian: "*ut
homocidam servum supplicium cum iure iubete adfici*," nach E. Levy,
Gesammelte Schriften, Bd. II, Köln 1963, 476.

tio)(9,2)을 따르고 있었다. 특히 그리스도인들이 십자가에 처형된 사람을 예배한다는 사실은 그들의 신앙의 기괴함을 보여주는 것이었다.

> 그리스도인들의 예배의 초점이, 자기 행실로 인해 최고형을 당한 한 사람과 파멸에 이르게 하는 나무 십자가(*hominem summo supplicio pro facinore punitum et crucis ligna feralia*)에 있다고 말하는 것은 이 범죄자가 처형된 비참한 안식처가 그들에게 어울린다는 것 (*congruentia perditis sceleratisque tribuit altaria*)과 그들이 드리는 예배의 종류를 규정해준다. (9,4).

그리스도인이었던 옥타비우스는 이 마지막 비난을 뿌리칠 방법을 쉽게 찾지 못했다. 옥타비우스의 대답은 예수의 십자가 죽음이 초기 그리스도인들에게조차 불가피 어리석고 거리끼는 것이었다는 점을 분명하게 보여준다. 그리스도인들의 대적자들은 그리스도인들이 "한 범죄자와 그의 십자가"(*hominem noxium et crucem eius*)(29,2)를 예배한다고 부당하게 주장했다. 어떠한 범죄자도—실제로 어떤 땅 위의 존재도—신으로 경배를 받을 만하지 않다는 것이다. 반면 옥타비우스는 예수의 인격과 운명에 대해 깊이 이야기하기보다 십자가를 예배하는 것에 대한 비난에 관해 다소 자세히 변호한다.

더 나아가 우리는 십자가를 경외하지도 십자가를 예배하지도 않는다. 하지만 나무로 만든 신들〔*ligneos deos*〕이 거룩하다고 고집하는 너희들이야말로 나무로 만든 십자가들을 너희 신들의 형상의 일부로서 예배하고 있는 것이다. 너희 진영 안에 있는 군사적인 상징, 군기, 군령들은 무엇을 위한 것인가? 이것들은 십자가 겉에 박을 씌우고 장식한 것이 아닌가? 십자 구조는 단지 너희의 승리의 상징을 나타내는 모형일 뿐만 아니라, 거기에 매달린 사람도 상기시키지 않는가? (29,6f).

실제로, 기독교를 비난하는 자들은 그러한 "나무로 만들어진 신"이 본래 화장용 장작 내지는 형틀(곧, 십자가)의 일부〔*rogi ... vel infelicis stipitis portio*〕(24,6)였을 수도 있다는 것을 모르는 것일까? 옥타비우스는 십자가의 수치스러움을 부인할 수 없었기에 예수의 죽음에 대해 잠잠히 침묵했다. 그는 예상되는 반론을 고려하면서 어떠한 공격도 피해가고자, 모형으로 만든 신을 경멸해야 한다는 논법—이미 유대 변증학에서 자주 사용되곤 하는 논법, 말하자면 '너희들은 어떤 면에서 수치스러운 기원을 가지고 있는 신의 우상들과 십자 형상들을 경배하는 자들이다'—을 사용했다. 옥타비우스는 하나님의 아들이 나무에 달려 범죄자로 수치스럽게 죽었다는 진짜 문제를 회피했다.

이를 다루는 것은 그리스도인들의 한분이신 하나님이 철학자들의 신과 동일하다는 것을 입증해야 하는 논쟁에 도움이 되지 않았다. 옥타비우스가 이 점을 회피했던 것은 식자층 그리스도인들이 너무나도 쉽게 가현설〔docetism: 예수의 인성을 부인하면서 그의 고난과 죽음의 실재를 부정했던 초기 기독교의 이설—역주〕에 빠진다는 딜레마를 보여주기도 한다.〕

아우구스티누스는 포르퓌리우스가 기록한 아폴론의 신탁—본인 아내의 기독교 신앙을 단념시키기 위하여 그 남편이 무엇을 할 수 있는지에 대한 한 남자의 물음에 대한 대답—을 인용한 적이 있다. 거기에서 신은 희망적인 전망을 제시하지 않는다.

> 아내의 뜻대로 하게 하는 것은 헛된 망상을 계속 갖게 하는 것이며 죽은 신—정당한 재판으로 유죄를 선고 받고 한창의 나이에 쇠사슬에 매여 극악한 죽음으로 처형당한 신—을 망상 가운데에 애도하게 하는 것과 같다(슈뢰더〔Schröder〕의 번역[BKV]). (*Pergat quo modo uult inanibus fallaciis perseuerans et lamentari fallaciis mortuum Deum cantans* [플리니우스가 사용한 어구와 비교하라], *quem iudicibus recta sentientibus perditum pessima in speciosis ferro uincta mors interfecit.*) (*Civitas Dei* 19.23; 690, CC).

본래 그리스어로 기록된 이 신탁은 플리니우스와 타키투스의 견해를 또렷하게 확인시켜준다. 그리스도인들이 자신들의 하나님이라고 주장하는 자는 "죽은 신"—그 자체로 모순인—이었다. 이것으로는 충분하지 않다. 단순히 죽은 신이 아니라, 한창의 나이에, 곧 일찍이 정당한 재판을 통해 범죄자로 선고 받고 가장 극악한 형태의 죽음에 이르게 된 자였다. 그 신이라 하는 자는 십자가 위에서 쇠못에 박히는 고통을 견뎌야 했다.

〔이 모든 증거들은 우리들에게 기독교라는 새로운 종교에 대한 다양한 형태의 혐오를 끊임없이 보여준다. 고대 세계의 종교적인 이상에 비추어 볼 때,〕기독교의 메시지는 불가피 "새롭고도 악한 미신"〔superstitio nova et malefica〕(Nero 16,3)이라는 수에토니우스의 말로 묘사될 수밖에 없다. 경멸스러운 특징들을 가지고 있는 이러한 서술들은 우연히 발생한 것이 아니다. 바울이 "십자가의 말씀"〔λόγος τοῦ σταυροῦ〕으로 묘사하고 있는 기독교의 핵심 메시지는 단지 로마의 정치사상뿐 아니라 주로 고대 세계의 종교적 풍조나 특히 당대 모든 지식인들의 신관에도 위배되는 것이었다.[4]

---

4.   "양털 깎는 자들, 구두장이들, 세탁하는 자들, 곧 전혀 교육받지 못한 투박한 사람들"에 대한 켈수스의 논쟁(Origenes, *Contra Celsum*

사실 헬레니즘 세계에서 태곳적의 출중한 영웅들이나 야
만적인 반신반인들의 죽음을 신격화하는 것은 낯선 것이 아니
었다. 아티스와 아도니스는 야생 멧돼지에게 죽임을 당했고,
오시리스는 튀폰-세트에 의해서, 그리고 디오뉘소스-자그레우
스는[5] 티탄들(Titanen: 거인족들)에 의해 찢겨 죽었다. '그리스의
신들' 중 헤라클레스는 홀로 오이테 산지에서 스스로를 제물
로 바쳤다.[6] 하지만 이 모든 일은 아주 먼 태곳적에 일어난 것

3,55)과 예수에 대한 논쟁(6,34)을 비교해보라.

5.   A. Henrichs, *Die Phoinikika des Lollianos*, PTA 14, 1972, 56-79에서
      헨리히스가 편집한 소설 일부에 나타나는 인신제사 장면을 보면,
      디오뉘소스-자그레우스의 신비들을 읽어내려고 했다. 하지만 여기
      에서 내게 중요한 것은, 극단적인 맹세와 결부되어 어린 아이를 제
      물로 바치고 그 심장을 먹고 피를 마시는 행위가 그 저자와 독자들
      에게 있어서 전적으로 야만적인 행습이라는 것이다. 순진한 사람들
      은 이와 비슷한 것이 기독교의 예배 의식에 있었다고 생각할 수도
      있다.

6.   참조, Hengel, *Sohn Gottes* (Anm. 2), 42ff. = Kleine Schriften IV, 91ff.
      (= M. Hengel, *The Son of God*, 1976, 25f.) 또한 헤라클레스의 죽음
      에 대해서는 다음을 보라. Seneca, *Hercules Oetaeus* 1725L:

      "보라, 지금 내 아버지가 하늘을 열고 나를 부르신다.
      아버지, 내가 갑니다. …"
      (*vocat ecce me genitor et pandit polos:*
      venio pater ….)

      그는 죽으면서도 고통을 드러내지 않고 "위엄"(*maiestas*)을 보였다

(1745f):
"놀라 입을 열지 못한 채 서 있던 모든 군중들은 불길 가운데서
사람이 그렇게 평온한 얼굴, 그렇게 큰 위엄을 보인다는 것을 믿기
어려웠다."

(*stupet omne vulgus, vix habent flammae findem,*

tam placida frons est, tanta maiestas viro.)

하늘로 올려 진 헤라클레스의 음성이 알케메네에게 들렸다(1966ff):
"무엇이 우리 가운데 당신의 것이고
필멸의 것인지 간에, 불로 정복되고 옮겨졌습니다.
아버지의 것은 하늘에, 당신의 것은 불길에 넘겨지고 있습니다."

(*... quidquid in nobis tui*

mortale fuerat, ignis evictus tulit:

paterna caelo, pars data est flammis tua.)

이렇게 제우스의 아들을 드높이는 묘사는 요한의 수난기사와는 분
명한 유사점이 있을 수도 있겠지만 마가복음 기사에 나타난 예수
의 외침과는 상당히 거리가 있다(막 15:21, 34-36). 헤라클레스의
행위는 주후 165년 올림픽경기에서 스스로 불태운 페레그리노스
프로테우스에 의해 모방이 되었다. Lukian, *De morte Peregrini* 20-
45, bes. 39: "나는 이 땅을 떠나 올림포스로 간다." 나의 동료 칸칙
〔Cancik〕은 그리스의 비극에 그 시작부터 로마시대에 이르기까지
"영웅들의 고통"〔πάθη ἡρώων〕이라는 모티프가 나타난다는 점을 내게
주지시켜 주었다. 참조, Herodot 5,67, and H. Cancik, *Seneca und die
romische Tragodie*, in Neues Handbuch der Literaturwissenschaft, Bd.
III: Römische Literatur, hg. von M . Fuhrmann, in Verbindung mit H.
Cancit, Frankfurt am Main 1974, 251-60. 그리스신화에 등장하는 영
웅들은 본질상 불멸하는 신들이 아니라, 사람들로서 자신들의 행위
에 따라 명예와 지위가 주어진다.

이기도 했고, 의심스러운 신화들로서 에우에메로스적〔euhemer-
istisch〕이거나 알레고리적〔allegorisch〕으로 해석되어야 한다고 생
각되기도 했다.[7] 이와는 달리 창조의 중재자요 세상의 구원자
이자, 참되고 **유일하신** 하나님의 선재하시는 **한** 아들이 멀지 않
은 과거에 벽지의 갈릴리에서[8] 이름 없는 유대인들의 구성원
으로 태어났다는 사실과[9] 심지어 십자가 위에서 보통 범죄자
들과 같이 죽었다는 사실을 믿는 것은 그저 미친 것으로 간주
될 뿐이었다. 그리스와 로마의 실제 신들은 **죽지 않는다는 점**에
있어서 죽을 운명의 인간들과 구분될 수 있었다. 이들은 수치

7.　Plutarch, *De iside et Osiride*, 22-78; T . Hopfner, *Plutarch*, Über Isis
　　und Osiris II, Bd. II: Die Deutung der Sage, Prag 1941 (Nachdruck
　　Hildesheim 1991), 101ff와 비교하라. 제79장(382f)에서, 오시리스를
　　일시적인 죽음과 관련하여 무엇보다도 순전하고 자유로운 인물로
　　해석했다.

8.　"갈릴리 사람"은 율리아누스 시대까지 열심당원과 그리스도인들
　　을 폄하하는 표현이었다. M. Hengel, *Die Zeloten* (AGSU 1), Leiden/
　　Köln [2]1976, 57ff. und Ders., Die erste nichtchristlichen Leser der
　　Evangelien, in: Ders., Jesus und *die Evangelien*, Kleine Schriften
　　V (WUNT 211), Tübingen 2007, 702-725 (711ff); H. Karpp, Art.
　　Christennamen, RAC 2 (1954), 1114-1138(1131).

9.　Origenes, *Contra Celsum* 4,36에서 켈수스는 다음과 같이 말했다.
　　"팔레스타인 구석에서 웅크리고 살아가는 유대인들." 참조, 6,78:
　　"너는 하나님의 아들이 유대인들에게 왔다는 사실이 최고로 우스꽝
　　스러운 조작이라는 생각이 들지 않는가?"

〔αἰσχύνη〕의 상징인 십자가(히 12:2),[10] "치욕스러운 말뚝"〔*infamis stipes*〕,[11] "비운의 나무"〔*infelix lignum*〕[12] 〔내지는 "죄악의 나무" 〔πανουργικὸν ξύλον〕〕, 플라우투스가 언급했던 노예들의 "끔찍한 십자가"〔*maxuma mal crux*〕,[13] 켈수스가 조롱하듯이 언급했던 "가

---

10. 나는 히 12:2가 십자가 처형에 대한 전체적인 고대세계의 태도에 영향을 받은 것이 아니라 주로 "성경의 시편"에 영향을 받았다는 H.-W. Kuhn, Jesus als Gekreugzigter, 10f에 전적으로 반대한다. 시편과 고대세계의 영향은 상호 의존하고 있다. 히 12:2에 대해서는, O. Hofius, *Der Christushymnus Philipper 2,6-11*, (WUNT 17), Tübingen 1976, 15ff를 보라.

11. *Anthologia Latina* 415,23f: "치욕스러운 말뚝에 결박당한 범죄자가 / 십자가 위에서 도망하기를 갈망한다"〔*Noxius infami districtus stipite membra / Sperat et a fixa posse redire cruce*〕; 참조, Laktanz, *Institutiones* 4,26,29: 하나님은 어째서 예수의 죽음을 위하여 어떤 "명예로운 죽음의 방식"〔*honestum ... mortis genus*〕을 고안하지 않으셨는가? "하나님은 어째서, 그가 죄를 범했다 하더라도 자유로운 인간일진대, 인간에게도 걸맞지 않는 치욕스러운 형벌의 방식을 사용하셨는가?"; Arnobius, *Adversus nationes* 1,36에도 유사한 표현이 나타난다.

12. Seneca, *Epistulae morales* 101,14. 〔참조, Minucius Felix, *Octavius* 24,6: *deus enim ligneus, rogi fortasse vel infelicis stipitis portio, suspenditur, caeditur.*〕 이러한 표현 이면에는 지하세계의 신들에게 봉헌되었던 처형 방식으로서의 "비운의 나무"〔*arbor infelix*〕에 대한 고대로마의 개념이 나타난다고 볼 수 있다. 본서 제6장을 보라. 〔"범죄의 나무"에 대해서는, "London magical papyrus PGM V, 73 (Preisendanz/Henrichs I, 184)를 보라.〕

13. *ThLL* IV 1259에 나타나는 무수한 예들을 보라: Captivi 469; Casina 611; Menaechmi 66,849 ("abscedat in malem magnam crucem"); Poenulus 347 ("i dierecte in maxumam malam crucem"); Persa 352;

장 치욕스러운 방식"과 "가장 수치스러운 방법으로 처형된
자"와는 아무런 관련이 없었다.[14] 켈수스는 그리스도인들이 요
구하는 신앙을 패러디(Parodie) 하면서 그들의 입을 빌려 이러
한 표현들을 그려냈다. 이는 키케로가 베레스를 비판할 때, 문
서로 된 '연설'에서—베레스에게 전달되지는 않았다—수사학
적으로 치밀하게 계산된 키케로의 격정(Überschwang)과 다를 바
없었다. 이때 키케로는 시칠리아의 이전 통치자가 자세한 조사
도 없이 아주 성급하게 한 로마시민에게 "가장 잔인하고 혐오

Rundens 518; Trinummus 598. 단순히 "mala crux"는 더욱 자주
나타난다. 이러한 어구는 무엇보다도 플라우투스를 보라. 또한
Ennius, Annals. 11 fr. 4 (Argenio, 114, Z. 349f)도 보라: "malo (sic)
cruce, fatur, uti des, Iuppiter." 더욱 격한 표현은 셈프로니우스 그
락쿠스를 보라: "Eo exemplo instituto dignus fuit, qui malo cruce
periret"(Sextus Pompeius Festus, De Significatu Verborum. [Mueller,
150; Linday, 136]에서 인용).

14. Origenes, Contra Celsum 6,10: πίστευσον ὃν εἰσηγούμαί σοι τοῦ εἶναι
υἱὸν θεοῦ, κἂν ᾖ δεδεμένος ἀτιμότατα ἢ κεκολασμένος αἴσχιστα, 참
조, 2,9,68. Achilles Tacitus 2,37,3에서는 독수리에게 잡힌 가뉘메데
스를 지칭하면서, 그 모습은 가히 십자가에 달린 사람과 같았다고
표현한다(καὶ ἔοικεν ἐσταυρωμένῳ, (conj. Jacobs). θέαμα αἴσχιστον, μειράκον ἐξ
ὀνύχων κρεμάμενον). Origenes, Contra Celsum 6,34 (참조, 마지막 36절)
에서, 켈수스는 예수가 십자가에 못박힌 모욕적인 모습을 목수로서
의 그의 천한 직업과 관련시키고, "생명나무"와 "(십자가의) 나무를
통한 육체의 부활"이라는 기독교의 이야기를 조롱한다. "술 취한 노
파가 어린 아이를 재우기 위하여 그렇게 터무니없는 것들을 중얼대
는 것에 대해 부끄러움을 느끼지 않는가?"

스러운 형벌"〔crudelissimum taeterrimumque supplicium〕을[15] 선고하고
즉각적으로 실행하였다는 사실을 비판했다.

더욱 많은 그리스문헌과 라틴문헌 증거들은 이 위대한 정
치가와 법률가의 유사한 진술들이 고대 세계의 평범한 사람들
의 이해와는 동떨어진 "심미적인 평가"〔ästhetische(s) Urteil〕가 아
니라는 것을 보여준다.[16] 예를 들어, 요세푸스는 예루살렘이 로
마에 포위되었을 때에 티투스의 유대 막료로서 그러한 것들을
충분히 목도하고서 십자가 처형을 간단명료하게 "가장 처참한
죽음"〔θανάτων τὸν οἴκτιστον〕이라고 묘사한 바 있다. 또한 이와 관
련하여 예루살렘을 포위한 로마 군대가 마카이루스 수비대를
항복시키기 위하여 유대인 포로들을 십자가에 매달고 위협하
였다는 기록도 나타난다.[17] 루키아노스에 따르면, 철자 T는 "악
한 도구"의 상징으로서 "악한 의미"로 사용되었으며, 폭군들
은 사람들을 〔그리스어〕 "타우"〔τ〕 형태로 만들어서 "매달았다."

---

15. Cicero, *Verrem* II, 5,165: "*apud te nomen civitatis ne tantum quidem
    valuisse ut dubitationem aliquam (crucis), ut crudelissimi taeterrimique
    supplici aliquam parvam moram saltem posset adferre.*" 〔시민권에 대
    한 키케로의 언급은 가장 잔인하고 혐오스러운 형벌을 잠시라도 지
    연시키는 데에 그다지 큰 효과가 없었다.〕

16. 이처럼, H.-W. Kuhn, Jesus als Gekreuzigter, 8.

17. *BJ* 7, 202ff. (203에서 인용); Lukian, *Prometheus* 4, 루키아노스가 십
    자가에서처럼 처형된 프로메테우스를 οἴκιστον θέαμα πᾶσι Σκύθαις
    라고 부른 것과 비교하라.

"나는 우리가 그를 T 형태로 만들어, 단지 타우 형벌을 줄 수 있다고 생각한다."[18] 아르테미도로스는 꿈에 관한 소고에서, 새들과 함께 날아다니는 꿈은 범죄자들에게 있어서 흉조일 수 있다고 말한다. "이 꿈은 범죄자들에게 사형, 흔히 십자가를 통한 처형을 의미하기 때문이다."[19] 위-마네톤은 또한 점성술을 가르치는 시에서 십자가에 처형되어 마땅한 범죄자들을 열거하였는데, 거기에는 살인자들, 강도들, 남을 해치는 자들(ἐμπε-δολώβας), 사기꾼들이 포함되어 있었다.

그들의 사지가 뻗쳐질 때에,
그들은 말뚝을 자신들의 운명으로 받아들인다.
가장 모진 고통 아래에 그들은 결박되고 못이 박힌다.

---

18. Lukian, *Iudicium vocalium* 12: "그들은 말하기를, 그것(τ: 타우)의 모양을 따라 모방하는 폭군들은 나무를 동일하게 재단하여 사람들을 거기에 십자가형에 처한다. 그 유감인 장치는 그로부터 그 유감스러운 이름을 얻는다"(τῷ γὰρ τούτον σώματί φασι τοὺς τυράννους ἀκολουθήσαντας καὶ μιμησαμένους αὐτοῦ τὸ πλάσμα ἔπειτα σχήματι τοιούτῳ ξύλα τεκτήναντας ἀνθρώπους ἀνασκολοπίζειν ἐπ' αὐτά. ἀπὸ δὲ τούτον καὶ τῷ τεχνήματι τῷ πονηρῷ τὴν πονηρὰν ἐπωνυμίαν συνελθεῖν).

19. *Oneirocriticon* 2,68 (Pack, 192): πανούργοις δὲ πονηρόν. τοὺς γὰρ ἀλιτηρίους κολάζει, πολλάκις δὲ καὶ διὰ σταυροῦ; 참조, 2,56 (185): κακούργῳ μὲν ἰδόντι σταυρὸν βαστάσαι σημαίνει. 이는 다음과 비슷하다. 1,76 (82); Plutarch, *Moralia* 554. A/B (본서 제10장을 보라.); *Anathologia Graeca* 9,378 (Beckby, III, 234), 9,230 (III, 658).

그 시체는 새들의 악한 먹이가 되고,

개들의 고약한 노획물이 된다.

(στρεβλὰ κολαζόμενοι σκολοπηίδα μοῖπαν ὁρῶσιν

πικροτάτοις κέντροισι προσαρτηθέντες ἐν ἥλοις,

οἰωνῶν κακὰ δεῖπνα, κυνῶν δ᾽ ἑλκύσματα δεινά.)[20]

주후 3세기에 쓰인 이 증언은 사형과 십자가형이 로마제국
후기에 얼마나 널리 사용되고 있었는지를 보여주고 있는데,
십자가 처형에 대한 부정적인 태도는 변함이 없다. 플라우투스
의 시대, 곧 주전 3세기로부터, "십자가"(crux)는 하류계층의 저
속한 조롱거리로서 노예들과 매춘부들의 입술에서 발견되며,[21]
"교수대에 매달 놈"(furcifer), "십자가에 달 놈"(cruciarius)과 심지

---

20. Apostelmatica 4,198ff. (Koechly, 69). H. 칸킥은 어려운 독법인 ἐν
ἥλοις 대신에 ἔνηλοι라고 추측했다. 옛 용어사전에 따르면 형용
사 ἔνηλοι는 "못박힌"을 의미한다. H. G. Liddell/R. Scott, *A Greek-
English Lexicon*, Oxford, ⁹1940, s.v. 참조, *Apotelesmatica* 1.148f.
(Koechly, 90): ἄλλον δ᾽ ἀκλειῶς μετέωρον ἀνεσταυρώσας, οὗ τέτατ᾽
ἀνδροφόνοις περὶ δούρασιν ἡλοπαγὴς χείρ. 이는 5.219ff. (108)와 유
사하다. 이에 관해서는 F. Cumont, *L'Égypte des astrologues*, Brüssel
1937, 197 Anm. 1를 보라.

21. *ThLL* IV 1259: Plautus, *Aulularia* 522; *Bacchides* 584; *Casina* 416
(conj. Camerarius); *Persa* 795; Terenz, *Eunuch* 383; Petronius,
Satyricon, 126,9; 참조, 58,2: "*crucis offla (= offula), corvorum
cibaria*"('양아치', '썩은 새끼').

어 "형틀에 목을 매달 놈"〔patibulatus〕과도 비견된다.[22] 독일어로
는 '양아치'〔Galgenvogel〕, 내지는 '악당 새끼'〔Galgenstrick〕에 해당
할 것이다. "아주 망할 십자가로 가라"〔i in malam maximam crucem〕
라는 욕설은 "뒈져라!"와 같은 의미를 가진다.[23] 키케로와 동시
대의 바로는 crux〔십자가〕라는 불편한 단어를 설명한 바 있다.
"'즐거운 것'을 말할 때에는 너그럽게 들을 수 있지만, '십자가'
를 말할 때에는 거슬린다. 후자의 거슬림은 십자가에서 오는
고통과 맞먹는다"〔lene est auribus cum dicimus 'voluptas', asperum cum
dicimus 'crux' … ipsius verbi asperitas cum doloris quem crux efficit asperitate
concordet〕.[24] 〔이 로마의 학자는 모든 사람들이 이 진술을 받아

---

22. "Cruciarus": ThLL 1218: Seneca d.Ä. *Controversiae* 7,7,2f., 6;
    Apuleius, *Metamorphoses* 10,7,5 u. ö.; 참조, Isidor von Sevilla,
    Etymologiae 10,48f: "십자가의 한 가치"〔cruciarus so quod sit cruce
    dignus〕. "Patibulatus": Plautus, *Mostellaria* 53; 참조, Apuleius,
    Metamorphoses 4,10,4.

23. *ThLL* IV 1258f.: Plautus, *Asinaria* 940; *Bacchides* 902; *Casina*
    93.641.977; *Curculio* 611.693; *Menechmi* 915.1017; *Mostellaria* 1133;
    Poenulus 271.495.511.789.1309 ü. o.; 참조, 위의 각주 13번.

24. *De lingua latina quae supersunt*, ed. Goetz/Schoell, 239. 바로〔Varro〕
    는 이와 관련하여 "크룩스"〔crux: 십자가〕라는 단어를 조야하고 흉한
    소리 형태의 전형으로 활용했다. 이는 십자가 죽음의 고통을 흉내
    낸 것으로, 고대의 언어이론에 부합한다고 한다. "*crux*의 거친 소리
    는 고통의 심각성과 잘 어울린다"〔ipsius verbi asperitas cum doloris quem
    crux efficit asperitate concordet〕. (나는 이 각주를 칸킥〔Cancik〕에게 빚졌
    다.)

들일 것이라고 생각했다.〗이 끔찍한 단어는 로마의 귀족계층 구성원들보다는 관청노예나 외국인〔*peregrinus*〕들에게 더욱 생생하게 다가왔을 것이다.

　하지만 바울의 그리스 독자들도 "십자가의 말씀"〔λόγος τοῦ σταυροῦ〕을 좋게 보지는 않았고, 팔레스타인에 세워졌던 로마의 십자가들을 볼 수 있었던 유대인들—이들은 특히 나무에 달린 자마다 저주받은 자라는 저주의 말씀(신 21:23)을 늘 염두에 두고 있었다—에게는 더욱 그러했다.〖유대인이든 헬라인이든, 로마인이든, 다른 외국인이든, 어느 누구에게라도〗십자가에 달린 메시아 내지 십자가에 달린 하나님의 아들, 혹은 십자가에 달린 하나님이라는 표현은 그 자체로 모순이자 불편하고 어리석은 주장으로 보였을 것이다.

제2장
프로메테우스와 디오뉘소스:
'십자가에서 처형된' 신과
'십자가에서 처형한' 신

고대 세계의 신들에 관한 주변적인 이야기에서 '**십자가에 달린 신**'과 같은 소재는 올림포스에 거하는 신들의 아버지—이 제는 한물 간—의 독단과 부당함을 조롱하기 위한 심술궂은 **패러디**의 형태로 나타날 뿐이다. 이는 고대의 볼테르〔Voltaire〕라 불리는 루키아노스의 펜 끝에서 나온 『프로메테우스』〔*Prometheus*〕라는 대화편에서 확인할 수 있다. 루키아노스는 프로메테우스가 카우카소스에 있는 두 절벽 사이에 어떻게 결박되었는지를 묘사하면서, 십자가 처형의 모든 기술적인 용어들〔*termini technici*〕을 사용한다. "프로메테우스는 사방에서 보이도록 계곡 위 절벽 사이에 못박혔는데, 이것은 '십자가'〔ἐπικαιρότατος ... ὁ σταυρός〕의 효과를 가장 실용적으로 살리기 위한 방편이었다."[1] 헤르메스와 헤파이스토스는 자신들이 쇠약하게 되었을 때 프로메테우스와 동일한 형벌을 받게 될 것이라는 위협을 주인에게 받고서 노예처럼 그 잔혹한 작업을 시행했다. 티탄족 프로메테우스가 제우스에게 반기를 들어 받게 된 형벌의 절정에, 프로메테우스는 제우스가 옹졸하여 복수심에 불타고 있는 것에 대해 부끄러움을 느끼면서 "저 늙은 신을 십자가로 보내

---

1. *Prometheus* 1: "그는 못박혀서 … 모두에게 적나라하게 보이는 그곳에 매달리게 될 것이다. 우리는 그를 땅에서 낮고 가까운 곳에다 십자가에 달아서는 안 되고, … 계곡 위에서 그의 팔을 쭉 뻗게 하여 십자가에 달아야 한다. … 너를 대신하여 십자가에 달린다"(προσηλῶσθαι, … καὶ οὗτος ἅπασι περιφανὴς εἴη κρεμάμενος, … οὔτε γὰρ ταπεινόν καὶ πρόσγειον ἐσταυρῶσθαι χρή …, … ὑπὲρ τῆς φάραγγος ἀνεσταυρώσθω ἐκπετασθεὶς τὼ χεῖρε … 2: … ἀντὶ σοῦ ἀνασκολοπισθῆναι αὐτίκα). 이 사건에 관해서는 Hesiod, *Theogony* 521f와 Aeschylus, *Prometheus* 52ff를 보라. 헤시오도스와 아이스퀼로스는 이미 프로메테우스의 결박을 "아포튐파니스모스"(Apotympanisomos: 이 단어가 뜻하는 바는 본서 후반부에서 다룬다—역주)의 방식으로 기록한 바 있다(본서 제8장을 보라). 헤시오도스(*Theogony* 521)는 프로메테우스가 묶였던 말뚝 내지 기둥에 관하여 언급한다. "풀 수 없게 결박된 채, 화살이 중앙을 관통한다"(δεσμοῖς ἀργαλέοισι μέσον διὰ κίον᾽ ἐλάσσας). W. Marg, *Hesiod*, Sämtliche Gedichte, Zurich/Stuttgart 1970, 227f에서는 "아마도 본래 천상의 기둥들 중 하나였던 … 수치의 기둥(말하자면, 형틀)"이 언급된다. (Κεραμόπουλλος, Ὁ ἀποτυμπανισμός, 60-66; 참조, L. Gernet, *Anthropologic de la Grèce antique*, 295f., 306, 316); 또한 P. Ducrey, *Traitement*, 210 Anm. 1 및 도화(Vasenbilder) 1, 2와 비교하라. *Apollodorus* 1,7,1에서는 못박힌 프로메테우스에 관하여 언급하고 있다.

야 한다"〔ἀνασκολοπισθησόμενον πέμπειν παλαιὸν οὕτω θεόν〕(제7장)라고
말했다. 신들의 형상대로 사람을 만드는 것은 필요한 일이었다
〔그리스신화 내에서는 프로메테우스가 인간을 만들었다고 전해진다—역주〕.
"왜냐하면 내가 믿건대, 신이란 자신과 비슷한 상대자 없이는
불완전하며, 그러한 비교를 통해 신은 더욱 행복한 존재로 보
일 수 있기 때문이다"(제12장). 더불어 불이 수여됨으로써 신
들에 대한 예배와 제사가 가능하게 되었다〔그리스신화 내에서는
프로메테우스가 인간에게 불을 수여했다고 전해진다—역주〕. "너희들은
너희들에게 영예와 제사를 바치게 했던 장본인을 십자가에 못
박는구나!"(제17장). 달변의 헤르메스조차도 이 "대담한 궤변
자"〔γενναῖος σοφιστής〕의 주장에 변명할 수 없었다. 헤르메스는
프로메테우스에게 예언의 재능이 있다고 언급함으로써 그를
위로할 뿐이었다. "예언자"〔μάντις〕로서 프로메테우스는 헤라클
레스를 통한 해방과 완전한 회복을 예언하고, 갈등은 해결에
이르게 된다—십자가에 처형된 신은 기껏해야 잠시 동안 고통
을 받을 뿐 결단코 죽지 않는다는 것이다.[2] 내가 볼 때에, 이 매

---

2. 신들에 대한 패러디와 관련하여 십자가에 달린 프로메테우스 모
   티프가 나타나는 경우로는, Lukian, *Iuppiter confutatus* 8와 *De
   Sacrificis* 6을 보라. 여기에 "〔프로메테우스는 다른 무엇들보다도〕 사람들
   의 편에 섰는데, 제우스는 그를 스퀴티케로 끌고 가서 십자가에 못
   박았다"〔φιλάνθροφος, καὶ τοῦτον εἰς τὴν Σκυθίαν ἀγαγὼν ὁ Ζεὺς ἀνεσταύρσεν〕
   라는 묘사가 나타난다. *Dialogi deorum* 5(1), 1를 참고하라. *Lieber*

서운 풍자시의 저자가 『순례자의 죽음』(De Morte Peregrini)에서
그리스도인들을 "불쌍한 악마들"(κακοδαίμονες)로 부르며 "그리
스의 신들을 부정하고 그 대신에 십자가에서 처형된 궤변가를
존숭하며 그의 법도를 따라 사는 무리들"이라고 조소한 것은
우연이 아니다.[3] 나는 루키아노스가 『프로메테우스』에서 "십
자가에 달린 새로운 신"을 믿는 그리스도인들을 염두에 두었

---

spectaculorum 7,1ff; Ausonius, Technopaegnion (De historia) 10,9ff.
(Peiper, 163)에는 프로메테우스의 십자가 처형에 관한 위협적
인 암시들이 나타난다. 페르세우스에 의해 풀려난 안드로메다에
비견할 수도 있을 것이다. 이에 대해서는, Manilius, Astronomica
5.551ff. (Housman, 71, 본서 제10장을 보라)와 Aristophanes,
Thesmophoriazusae 1011; Euripides, Andromache frs. 122-28 (Nauck,
397ff); 또한 본서 제10장을 보라. Pilostratus, Heroicus 19,17 (Kaiser,
II, 214)에 따르면 헤라클레스는 켄타우로스(Centauren: 상반신은 사람,
하반신은 말의 모습을 한 종족—역주)인 아스볼로스를 십자가에서 처형하
고서 그의 '묘비'에 이렇게 썼다. "인간이나 신들의 어떠한 형벌도
두려워하지 않았던 나, 아스볼로스는 송진이 흐르는 뾰족한 소나무
끝에 달려, 늙은 까마귀들의 밥이 되었다."

3. De morte Peregrini 13: τὸν δὲ ἀνεσκολοπισμένον ἐκεῖνον σοφιστὴν
αὐτὸν προσκυνῶσιν καὶ κατὰ τοὺς ἐκείνου νόμους βιῶσιν. 참조, 11:
"… 그들은 여전히 팔레스타인에서 십자가에 달린 그 사람을 예배
한다. 그가 이 새로운 종교를 생명으로 소개했기 때문이다"(… ὃν ἔτι
σέβουσι, τὸν ἄνθρωπον τὸν ἐν τῇ Παλιαστίνῃ ἀνασκολοπισθέντα, ὅτι
καινὴν ταύτην τελετὴν εἰσῆγεν ἐς τὸν βίον). 이에 대해, Th. Schirren,
Lukian über die kaine telete der Christen (Peregrinus 11), Ph. 149
(2005), 354-59.

을 가능성이 있다고 본다.

〔반역한 티탄 신족 프로메테우스가 신들의 아버지 제우스에 의해 '십자가에 처형'된 것과 디오도로스 시켈리오테스(3,65,5)가 기록한 바 사악한 **뤼쿠르고스**가 디오뉘소스에 의해 '십자가에 처형'된 것은 구분되어야 한다. 이 둘은 완전히 다르다. 루키아노스의 이야기는 몹시 화가 난 신들에 대한 조소를 위한 것인 반면, 디오도로스의 이야기는 독특한 고대문학으로서 사실에 입각한 장르, 곧 에우에메로스적 전기에서 유래하였다. E. 슈바르츠〔Schwarz〕에 따르면, 이 고대문학 장르는 알렉산드리아의 작가 디오뉘시오스 스퀴토브라키온에게까지 거슬러 올라간다.[4] 트라키아의 왕 뤼쿠르고스는 세계를 정복했던 정복자였던 소아시아에서 온 디오뉘소스와의 평화조약을 깨뜨렸다고 알려져 있다. 테레우폰 디오뉘소스는 헬레스폰트 해협을 건너 "트라키아의 군대를 정복했다. 뤼쿠르고스는 포로가 되어, 눈이 멀게 되고, 온갖 고문을 당한 후에, 마침내 십자가 위에서 처형되었다"〔καὶ τὸν Λυκοῦργον ζωγήσαντα τυφλῶσαί τε καὶ πᾶσαν αἰκίαν εἰσενεγκάμενον ἀνασταυρῶται〕. 이러한 기사는 종교적인

---

4.   Drexler, 'Lykurgos,' in: W. H. Roscher, *Ausfuhrliches Lexikon der griechischen und romischen Mythologie* II, 2 (1897-99), 2194와 E. Schwartz, *De Dionysio Scytobrachione*, Diss. Bonn 1880, 46를 보라. 참조, *Heracles and Asbolus* (본서 제2장 각주 2를 보라).

것과 관련이 없으며, 루키아노스의 경우와 같이 종교에 대한
어떠한 비판도 담고 있지 않다. 오히려 알렉산드로스 전기의
색채를 띠고 있는 이 이야기는 헬라시대, 곧 디오뉘소스가 세
계의 정복자였을 시기에 특별히 대중화되었던 실제적인 정치
사상을 재현하고 있다. 이 십자가 처형의 모티프는 페르시아와
마케도니아의 전쟁들에서 볼 수 있었던 잔인한 행습에서 비롯
했다. 이 행습은 반역한 신하들과 찬탈자들에 대한 형벌로 사
용되었다. 플라톤은 이미 이 형벌에 대하여 잘 알고 있었고, 알
렉산드로스와 디아도코이들〔Diadochen/Diadochi: 알렉산드로스 제국
의 계승자들—역주〕도 이미 사용하고 있던 것이었다(본서 제4장,
제10장을 보라). 뤼쿠르고스의 형벌은 호메로스의 글에 가장
먼저 나타나는데, 호메로스는 제우스가 디오뉘소스의 아들과
마이나스에 대한 미움으로 인해 "신들의 적"을 눈멀게 하였다
고 단순하게 기록했다.

> 축복 중에 거하고 있는 불멸하는 자들은 그에게 화를 냈고, 크
> 로노스의 아들 제우스는 그를 쳐서 눈멀게 했다. 그는 모든 불
> 멸하는 신들의 미움을 받았기에 그 후 오래 살지 못했다. 아니,
> 나는 그 복된 신들과 싸우는 일에서 기쁨을 얻지 못한다. (Dio-
> mede, in *Iliad* 6,138-41).

신화 전승에는 십자가 처형에 관한 주제가 특히 드물게 나타나는데, 이는 헬레니즘 시대와 로마 시대에서조차, 문학세계 안에 나타나는 모든 형벌 중에서 십자가 처형이 가장 잔혹하다는 것을 강한 반감으로 보여주는 셈이다.〗

제3장
십자가의 "어리석음"을
해결하는 방법으로서의 가현설

  선재하시는 하나님의 아들의 신적 본성과 십자가 위에서
당하신 수치스러운 죽음 사이에 존재하는 모순점과 관련하여,
초기 그리스도인들의 선포는 **다신교적 혹은 단일신론적-철학적
환경이 제시하는 기독론과의 유사성이나 공통점들을 철저히 거부**
한다. 승귀와 승천, 심지어 부활 개념에 있어서는 저것들과 비
견될 만한 점들이 있다. 하지만 신의 고통은 단순히 허구적인
것으로 보여야 하고, 이를 야기한 사람들의 악을 처벌하는 것
이 즉각 뒤따라 나와야 한다. 디오뉘소스의 몇몇 이야기들이
좋은 예가 된다. 곧, 디오뉘소스가 해적들 사이에서 구출된 이
야기나[1] 『박카이』(*Bakchen*)에서 펜테우스에게 사로잡힌 이야기

---

1. *Homerische Hymnen* 7,12ff. (A. Weiher의 번역): "그를 거친 밧줄로
    결박하려고 했지만, 그 밧줄로는 그의 자유를 억압할 수 없었다. 그

가 그것이다.[2] 아이스퀼로스의 『프로메테우스』에 나타나는,
"보라, 신들 중의 하나인 나는 신들의 손에 고통을 당하고 있
다"(ἴδεσθέ μ' οἷα πρὸς θεῶν πάσχω θεός)(93)라는 프로메테우스의 어
구가 이 법칙의 예외를 보여줄 뿐이다. 따라서 빌립보서 2:6-
11 찬가에 나타나는 구원자의 비하(卑下)와 죽음이라는 기독론
의 기본적인 주제는 기독교 이전의 이교적인 구원신화에 빗댈
때에 밝히 조명되는 것이 아니라 더 어두워질 뿐이다.[3] 특히 철
학자들에게 있어서 신이 고통을 느낄 수 없다는 이유로 십자

버드나무 나뭇가지는 그의 손과 발로부터 먼 곳에 떨어졌다." 이 찬
가는 후대, 곧 헬레니즘 시대로부터 발생했다.

2. Euripides, *Bakchen* 515ff: 디오뉘소스는 고통당하지 않은 것이 분명
하지만, 펜테우스는 디오뉘소스를 결박하려고 했던 자신의 오만함
으로 인해 참회해야만 했다. 참조, 614ff. (J. J. Donner/R. Kannicht의
번역):

> 디오뉘소스: "나는 스스로 어떤 노력이나 고통 없이 나의 구원자
> 가 되었다."
> 합창: "펜테우스가 밧줄로 너의 손을 결박하지 않았는가?"
> 디오뉘소스: "바로 여기에서 나는 그를 조롱한다. 그는 나를 결박
> 했다고 착각했지만, 나를 결코 만지지도 사로잡지도
> 못했다. 그는 헛된 희망만을 먹었을 뿐이다."

3. M. Hengel, *Sohn Gottes* (Anm. 2), 53ff. = Kleine Schriften IV, 97ff.〔
= M. Hengel, *The Son of God*, 1976, 33ff.〕; 참조, 빌 2:6ff.에 대해서
는, O. Hofius, *Der Christushymnus Philipper 2.6-11*, WUNT 17, 1976,
(Anm. 11).

가 위에서 죽으신 예수에 대해 거리끼는 것〔Ärgernis〕을 제거했던 영지주의 가현설〔Doketismus〕은 이 영지주의 체계들이 기독교 신조의 '시급한 헬레니즘화'에 대한 부차적인 시도라는 것을 보여준다. 우리는 그리스-로마 세계에서 흔히, 거리끼는 사건들이 존숭을 받는 신적 존재나 반신인들 자체에서 기인한 것이 아니라 이들의 '모형들'〔Abbildern〕로부터 발생했다는 사상을 만날 수 있다. 제우스의 아내 헤라를 향한 사랑을 불태웠던 익시온은 헤라 자체를 껴안은 것이 아니라 그녀와 동일한 모습을 하고 있는 구름을 껴안은 것이다—이 신성모독에 대한 형벌로서 그는 태양의 수레바퀴에 묶였다.[4] 파리스에게, 제우스와 레다 사이에서 태어난 딸 헬레네를 주기를 꺼려했던 헤라는 "하늘의 공기〔Äther: 에테르〕로 만든"〔ὁμοιώσασ᾽ ἐμοὶ εἴδωλον ἔμπνουν οὐρανοῦ ξυνθεῖσ᾽ ἄπο〕 "환영"〔εἴδωλον〕을 가지고서 "헛된 망상"〔δοκεῖ μ᾽ ἔχειν κενὴν δόκησιν, οὐκ ἔχων〕을 품고, 간음하기 위하여 트로이아로 납치하였지만, 헬레네는 실제로 헤르메스에 의해 이집트로 옮겨져 안전하게 머물렀다.[5] 오비디우스의 『파스티』

---

4. Weizsäcker, Roscher II, 1, 766ff; Waser, PWX, 2, 1373ff.
5. Euripides, *Helena*, 31ff; 참조, *Elektra* 1283f; 또한 E. Bethe, Art. Helena, PRE VII/2, 2833ff. 인간이 신을 통해 옮겨지는 것과 "환영"〔εἴδωλον〕을 통해 복귀하는 것은 이미 Homer, *Iliads* 5,311ff., 344ff., 445ff., 449ff에 나타난다. 이곳에서 아이네아스는 자신의 어머니 아프로디테와 아폴론을 통해 구원된다. 헤라클레스에 대해서는

〔*Fasti*〕(3,701f)에 따르면, 여신 베스타는 자신의 사제였던 카이 사르를 암살자들이 당도하기 직전에 하늘에 있는 유피테르 신전으로 옮겼기에, 암살자들의 무기는 그저 그의 그림자를 찔렀을 뿐이다.[6]

> 내 자신이 그 남자를 옮겼고
>
> 그 뒤에는 환영만이 남아있을 뿐이다.
>
> 칼로 찔린 것은 카이사르의 그림자였다.
>
> 그는 하늘로 옮겨져서 유피테르의 안뜰을 보았고,
>
> 거대한 광장에서 그에게 봉헌된 신전에 사로잡혔다.
>
> (*ipsa virum rapui simulacraque nuda reliqui;*
>
> *quae cecidit ferro Caesaris umbra fuit.*
>
> *ille quidem caelo positus Iovis atria vidit*
>
> *et tenet in magno templa dicata foro.*)

켈수스나 자신의 유대 보증인〔Gewährsmann〕에게 있어서, 예수는 결박당하는 시점이나 그보다 뒤에 발생한 십자가 사건에

Odyssee 11,601ff를 보라.

6.   E. Bickerman, Consecratio, in Le culte des souverains dans l'Empire romain, Entretiens sur l'antiquité classique 19, Vandoeuvres/Genève 1973, 1-25 (15f). 카이사르의 이동의 전형은 그의 선조 아이네이아스에게서 나타난다.

있어서, 옮겨짐으로써 자신의 신성을 증명해야 했다.[7]

　기독론과 관련한 오늘날의 경향은 영지주의적 심연에 대한 일방적인 관심에서 탈피하여 특히 바울의 십자가 신학으로 향하고 있다. 그렇게 제자리를 찾아 간다. 왜냐하면 여기에서 우리는 바울 선포의 고유함(Proprium)에 직면하게 되기 때문이다. 실제로 신약성경 전체의 신학적 중심은 예수 메시아의 대표적인 죽음—고대이든 현대이든 어떤 식의 가현설로도 해명할 수 없는 사건—에 뿌리를 두고 있다. 물론, 유스티누스와 주후 2세기의 영지주의자들 및 사도들의 감추어진 행적에 이르러 의문시되는 전체를 초기 기독교의 전반적인 '십자가 신학' 안에 포함시킴으로써, 바울이 말하는 그리스도 십자가 신학의 정확한 경계를 성급하게 흐리지 않을 필요가 있다.[8] 후대, 대략

7.　Origenes, *Contra Celsum* 2,68: "그러나 만일 그가 진정으로 위대했다면, 자신의 신성을 보여주기 위하여 십자가 위에서 돌연 사라졌어야 했다"(εἰ δ᾽ οὖν τό τοσοῦτον ὤφειλεν εἰς ἐπιδείξιν θεότητος, ἀπὸ τοῦ σκόλοπος γοῦν εὐθὺς ἀφανής γενέσθαι); 참조, 본서 제1장 각주 14번.

8.　이 위험성은, H.-W. Kuhn, Jesus als Gekreuzigter의 서술에서 찾아볼 수 있다. 여기에서 쿤은, 내가 느끼기에 의심스러운 고대의 십자가 처형에 관한 것을 다룬 후(3-11), 곧바로 기독교 영지주의 내에서의 십자가의 역할을 다루고(11f) 그제야 논지를 맺으면서 바울을 다룬다(27ff). 십자가의 의미에 대한 영지주의의 사변적인 해석(W. Foster etc. (ed.), Gnosis I, ET London 1972; II, 1974; index II, 327 s.v. 'Cross'를 보라)은 바울의 진술뿐 아니라 공관복음 기자들의 보도, 심지어는 요한복음과 현저하게 반대된다. 우리는 그 해석

이그나티오스 이래로 분명해진, 상징적-알레고리적이거나 우
주적인 관점의 십자가 신학은 바울의 "십자가의 말씀"(λόγος τοῦ
σταυροῦ)과는 공통점이 별로 없다. 바울이 자신의 선교사역을
시작했을 때의 최초기 기독교—이후 소 플리니우스나 순교자
유스티누스의 때와는 달랐던—는 시리아 인근과 팔레스타인
지역에 전혀 알려지지 않은 유대교 분파에 불과했다. 이때는
기독교의 창시자가 죽은 지 불과 몇 년이 지나지 않았기에, 그
전후의 사건들에 대한 인격적인 기억들이 공동체 안에 여전히
생생하게 남아있었다. 고린도전서 11:23 단락과 15:3 단락(특
히 6절)은 바울 역시도—예수 전승과 '거리'가 있었음에도 불
구하고—이에 대해 전혀 모르지 않았다는 것을 보여준다.[9] 예

들을 십자가가 최초기 기독교에서 어떤 의미를 가졌는가 하는 물음
과 대조시켜 보는 것이 가장 좋다. 그 외에도, '십자가 신학'이 주후
1-2세기에 어떤 형태로든지 통일되어 있었다고 어느 누구도 주장
할 수 없을 것이다. 이후의 해석들은 **변증적인** 의미를 나타내며, 십
자가의 "어리석음"과 관련한 비판에 대한 의심스럽고도 특정 시대
에 한정되어 있는 대답일 뿐이다. Justin, *Aplogie* I, 55,8를 보라. 여
기에서 "말씀으로"(διὰ λογοῦ)란 합리적인 진술의 의미로 이해되어야
한다. 이렇게 다양한 변증적 의미의 가능성에 대해서는, H. Rahner,
Griechsche Mythen in christlicher Deutung, Freiburg u.a. 31996, 55ff.
und den Index 392 s.v. Kreuz (= H. Rahner, *Greek Myth and Christian
Mystery*, London 1962, 46ff. and Index, 392, s.v. 'Cross'); 또한 G. Q.
Reijners, *Terminology*를 보라.

9. 이 서술은 오늘날 흔히 주장되는 것처럼 그렇게 전적으로 급진적

수께서 **실제 지상에서** 십자가에 달렸다는 바울의 견해를 부인하려는 자들은 바울을 가현설주의자로 만들려고 하는 것과 같다.

하지만 동시에 이러한 사실은 예수의 십자가가 바울 및 당대 사람들에게 교훈이 되거나 상징적·사변적인 것이 아니라 매우 구체적이고 아주 거리끼는 것─최초기의 그리스도인들의 선교 사역에 있어서 부담이 되는─이라는 것을 의미한다. 초기의 교회에 속하는 고린도공동체가 **십자가에 달린** 그리스도와의 관계를 멀리하고, 열성적인 영적 생활이나 하늘의 계시가 주는 기쁨, 신비한 성례와 관련한 구원의 확신으로 도피하였던

인 것은 아니다. 고대 시대의 전도자는 예수의 사역이나 죽음에 대하여 말하지 않고─곧 **십자가의 거리낌으로 인해**─십자가에 달린 메시아나 하나님의 아들에 관하여 선포할 수 없었다. 더 나아가 인간은 기본적으로 정보를 요구한다. 특히 무엇보다 새롭고도 혁명적인 메시지와 관련했을 때는 더욱 그러하다. 지식에 대한 갈급함을 가진 사람들이 바울의 설교를 들었던 것이지 돌들이 들었던 것이 아니다! 이것에 대해서는 이미 오래 전에, P. O. Moe, *Paulus und die evangelische Geschichte*, Leipzig 1912에서 다루었다. 특히 베드로나 그의 동료들과 같은 다른 복음전도자들은 바울보다 예수에 관하여 더욱 많이 설파했다. 이것이 바울의 선교 사역에 어려움을 야기했을 수도 있다. M. Hengel, *Der unterschätzte Petrus*, Tübingen 22007; M. Hengel, Studien zur Christologie, Kleine Schriften IV (WUNT 201), Tübingen 2006, 451-495.

것은 이상한 일이 아니다.[10] 이와는 달리 바울은 자신이 세웠던 공동체에게 십자가에 달리신 메시아에 관한 자신의 가르침이 유대인에게는 종교적으로 "걸림돌이 되는 것"〔Anstoß〕이자 헬라인에게는 "미친 것"〔Verrücktheit〕을 의미한다고 분명하게 이야기하는데, 이 바울의 고백 속에는 무엇보다도 **가장 위대한 기독교 선교사가 가졌던 20여 년간의 경험**이 녹아있다. 곧, 수치스러운 기둥 위에서 범죄자로 죽임을 당한 주〔Kyrios: 구약의 야훼를 강조하는 표현—역주〕예수의 메시지에는 흔히 모진 조롱과 배척이 뒤따라온다는 것이다. 바울의 십자가 신학에 의해 야기된 이러한 부정적인 반응은 고대 세계의 반기독교 논쟁에서 이어졌다. 발터 바우어〔Walter Bauer〕는 기독교에 대한 유대적·이교적 대적자들이 예수의 고난에 대해 어떠한 견해를 가지고 있는지에 대해 연구하면서 매우 올바른 결론을 제시하였다. "기독교의 적대자들은 항상 예수의 수치스러운 죽음을 악의에 찬 즐거움을 가지고 힘주어 강조하곤 한다. 신이나 신의 아들쯤 되는 자가 모욕스러운 나무〔Schandholz〕 위에서 죽다니! 이는 새로운 종

---

10. '고린도에 있었던 영지주의'에 대해서는 이쯤 하는 것이 좋을 것 같다. 고린도공동체의 예는 영지주의의 경쟁적인 사역을 철저히 오도시키는 전제—해석가들의 공상 안에만 존재했지 실제로는 결코 존재하지 않았던—위에서 해석되어서는 안 된다. 이는 헬라 대도시이자 항구도시인 고린도의 헬라적 (및 유대적) 배경에서 설명될 수 있다.

교를 망치기에 충분했다."[11] 이에 관한 감탄할 만한 설명으로서 팔라티누스 언덕에 "알렉사메노스가 신을 경배한다"〔Ἀλεξάμε-νος σέβετε (= σέβεται) θεόν〕라는 제목을 가진 비문에 당나귀 머리를 가진 인물의 십자가 처형에 관한 유명한 풍자가 나타난다. 이 것이 십자가에 못박힌 예수에 대한 반기독교적 풍자라는 것은 의심의 여지가 없다. 그 당나귀 머리는 일종의 영지주의적인 세트-숭배를 가리키는 것이 아니라 기독교 신앙의 유대적 기 원을 가리키는 것이다. 유대인들의 성전에서의 당나귀 예배는 고대의 반유대교 편에서 규칙적으로 사용하는 전형적인 표현 중 하나다.[12]

---

11. *Das Leben Jesu im Zeitalter der neutestamentlichen Apokryphen*, Tübingen 1909 (Nachdruck Darmstadt 1967), 477. 참조, 476. "어떻게 그들〔기독교인들〕이 그〔예수〕의 고난과 죽음을 … 피할 수 있을까? 대적자들은 어디에서든지 가장 신랄한 비판을 가할 수 있었을 것이다. 예수는 재판을 받고 사형당했다. 예수는 새로운 소크라테스로서 무죄하게 죽은 것이 아니라, 범법자로 기소되고, 증명되어, 처벌받아야 할 자로 드러나, 죽음에 넘겨진 것이다."

12. E. Dinkier, *Signum Crucis*, 150ff; I. Opelt, Esel, RAC 6 (1996), 592ff; 〔J.-G. Préaux, 'Deus Christianorum Onocoetes, in Hommages L. Herrmann, Brussels-Berchem 1960, 639-54〕; 이에 대해 E. Bickermann, *Ritualmord und Eselskult*, MGWJ 71 (1927), 171-187, 255-264 = E. Bickermann, *Studies in Jewish and Christian History*, Bd. II (AGAJU IX, 2), Leiden 1980, 225-25. 당나귀 숭배에 대한 비판은 이미 주전 200년경 파라타의 므나세아스에 의해 제기된 바 있다. M. Stern, *Greek and Latin Authors on Jews and Judaism*, Bd. I,

〔비교적 덜 알려진 또 하나의 풍자는 주후 4세기 초 토판
에 기록된, 십자가를 지고 가는 사람에 대한 묘사이다. 이것은
판노니아 지방에 있는 고대 게룰라타, 곧 헝가리의 오로츠바
르에서 발견되었다. 여기에 묘사된 인물은 라틴식 십자가를 끌
고 가는데, 그 무게로 인하여 그의 혀는 늘어져 있다. K. 자기
〔Sági〕는 이 기록을 콘스탄티누스 대제의 로마 통합 정책과 더
불어 점차적으로 지배적인 위치를 가지게 된 "기독교에 반대
하는 반응을 보여주는 재미있는 증거"로[13] 간주했다. 여기에서
도 마찬가지로 그림을 그렸던 이방인의 조소의 핵심은 새로운
종교로부터 비롯한 거리끼는 것〔십자가〕에 있었다.〕

바울이 말하는 "십자가의 말씀"을 십자가 위에서의 예수의
구체적인 죽음과 분리시킨다면, 십자가의 말씀은 모호하고 이
해하기 어려운 사변이 될 것이다. 적어도 바울과 관련한 한, 우
리는 이 주제에 대해 가장 최근에 제기되고 있는 주장―"역사
적인 십자가에서부터 '십자가'에 관한 신학적인 해석으로 나
아갈 수 있는 직접적인 방법이 없다"―에[14] 반대해야만 한다.
〔바울의 선포가 거리끼는 "십자가의 말씀"으로 점철되었던 한

Jerusalem 1974, 97ff.

13. K. Sági, 'Darstellung des altchristlichen Kreuzes auf einem römischen
    Ziegel,' *Acta Antiqua* 16, 1968, (391-400) 400 and pl. 5.

14. H.-W. Kuhn, Jesus als Gekreuzigter, 29.

가지 이유는 바로 이 사도가 십자가에 달려 죽은 나사렛 예수, 곧 특정 인간의 죽음을 성육신한 하나님, 곧 주의 아들의 죽음으로 해석하고, 이 사건을 모든 인류를 위한 종말론적인 구원 사건으로 선포했다는 데에 있다. 심지어는 바울 자신의 고통도 마찬가지로 철저히 역사적이고 **유일무이한** 사건〔ἀπέθανεν ἐφάπαξ: 단번에 죽으심〕(롬 6:10)의 관점에서 이해되었다. 이 사도가 감내했던 수치와 경멸은 예수께서 십자가에 달려 수치스러운 죽음을 당했다는 사실에 입각하여 조명되고 설명되어야 했다. 바울의 고난은 십자가와 분리되어 독립적으로 해석될 수 없다. 골로새서 1:24〔나는 이제 너희를 위하여 받는 괴로움을 기뻐하고 그리스도의 남은 고난을 그의 몸 된 교회를 위하여 내 육체에 채우노라〕의 이해하기 어려운 표현들은 바울에게서 비롯한 것이 아니며(골로새서는 제2바울서신〔deutero-Pauline: 후대에 바울의 이름을 빌려 쓴 서신—역주〕에 속한다), 내가 볼 때, 이 서신에는 바울의 순교—아마도 네로의 박해로 인한—가 이미 전제되어 있다. 따라서 바울이 말하는 "십자가"〔σταυρός/σταυοῦν〕의 말씀들에는, 우리에게는 생소할지라도 기독교 전통 밖의 고대 세계에서는 명백했던 바로 그 본래의 잔혹함과 혐오의 의미가 여전히 내포되어 있다. 바울이 고린도전서 1:17-24에서 말하고 있는 것은 오직 이러한 배경 하에 이해되어야 한다.〕그러므로 바울에게 있어서 십자가의 말씀은 결코 단순히 '신학적인 상징'〔theologischen Chiffre〕으로 사라지는 것이 아니다. 그런 식으로 주장하는 것은, 오늘날의 해석 작업이 실제 사실관계에 있어서 빈약하고, 역사와 거리가 있음을 드러낼 뿐이다. 다른 말로 하자면, **바울의 선포에는 여전히 '예수의 처형 도구'에 대한 완강한 불편함이 발견된다.**

〔따라서 우리는 고대의 종교 및 철학사상에서 상당히 불편했던 이 거리낌이, 영지주의에서 사용된 유사-과학적이고도 대중적인 플라톤적 주장을 통해, 어떻게 하나님의 아들이 단지 십자가에 달린 **것처럼 보일 뿐**이라는 이론에 의하여 제거되었는지를 아주 잘 이해할 수 있다. 현실에서는 예수께서 전혀 고통받지 않으셨다는 것이다. 우리는 (본서 제1장에서 언급한) 『옥타비우스』에 나타난 미누키우스 펠릭스와의 곤란한 논쟁에서 정통교리를 수호했던 변증가조차도 거리끼는 십자가로 인해 어려운 상황에 처하게 되었다는 것을 쉽게 확인할 수 있다. 이와는 달리, 예배는 십자가 처형의 거리끼는 모순을 공적으로 고백하기 위한 적절한 공간으로 남아있었다. 이에 관한 증거는 그리스도를 향한 가장 초기의 찬가에서뿐 아니라 세련된 수사학의 형태로 표현하고 있는 멜리톤의 『수난 설교』〔Homily on the Passion〕에서도 나타난다.[15]

---

15. 96f; 참조, O. Perler, *Meliton de Sardes, Sur la Plâque*, Source Chrétiennes 123, 1966, 194f.

이 땅을 매달으신 분께서 거기에 달려계시며, 하늘을 고정하신 분께서 거기에 고정되어 계시고, 만물을 부여잡고 계신 분께서 나무에 붙잡혀 계신다. 주인께서 모욕을 당했다. 하나님께서 죽임을 당하셨다. 이스라엘의 왕께서 이스라엘 백성의 손에 살해되셨다. 오, 이상한 살인이며, 이상한 범죄로다! 주인께서는 부당한 대우를 받으셨고, 벌거벗김을 당하셨으며, [그의 벌거벗음을] 가릴 가치도 없는 취급을 받으셨다. 이에 [하늘의] 빛이 사라졌고, 낮이 어두워졌다. 십자가 위에서 벗김을 당한 그를 가릴 수 있도록 말이다.]

제4장
극도로 잔혹한,
'야만인들의' 사형 방식으로서의
십자가 처형

　나는 지금까지 다룬 자료들을 통해, 십자가는 고대 세계의 사람들, 곧 헬라인과 로마인, 유대인에게 있어서 단지 대수롭지 않은 문제가 아니라 전적으로 죽음에 관한 것으로서, 특히 십자가라는 단어 자체가 본래 극도로 거리껴지는 '추잡한' 것을 의미한다는 점을 보여주려 했다. 이어지는 지면에서 우리는 십자가 처형에 관한 고대 세계의 태도에 대하여 더욱 자세히 조망할 수 있을 것이다.

　이 주제에 관한 문헌들은 통상 십자가형이 페르시아인들 사이에서 비롯하였다고 기록하고 있다. 이는 십자가형을 페르시아의 처형 방식으로 수없이 언급하고 있는 헤로도토스의 글들을 볼 때에 어느 정도 사실이며, 또한 이러한 기록들은 후대 크

테시아스의 증거들에 의해 지지를 받는다.[1] 하지만 고대의 자
료들에 따르면 십자가형은 주로 **야만 민족들**,[2] 즉 인도인,[3] 앗시
리아인,[4] 스키타이인,[5] 타우리아인이[6] 사용하는 처형 방식 중 하

1. Herodot 1,128,2; 3,125.3; 3,132.2; 3,159.1: 다리우스는 바벨론의
    3,000명의 주민을 십자가에서 처형했다. 4,43,2. 7; 6,30,1; 7,194,1f;
    Thukydides 1,110,1; Ktesias (nach Photius) FGH 688F 14,39; 아마스
    트리스는 이집트의 왕위 찬탈자 이나로스를 세 개의 십자가 위에
    못박았다(추정컨대, 시체를 박은 것으로 보인다): καὶ ἀνεσταύρισεν
    μὲν ἐπὶ τρισὶ σταυροῖς; F 14,15: 아마스트리스는 카우노스인(Kaunier)
    알키데스를 십자가에 달게 했다; 소 퀴루스의 시체가 처리된 방식
    에 대해서는, Xenophon, *Anabasis* 3,1,17와 Plutarch, *Artaxerxes* 17,5
    를 보라. 이때 왕후 파뤼사티스는 퀴루스의 시체를 모욕한 관리를
    아르타크세르크세스 2세의 명령으로 십자가에 처형시켰다(Ktesias
    F 16,66). 참조, 스 6:11과 하만의 십자가가 나타나는 에 5:14; 7:9f.
    본서 제10장을 보라.
2. 이것은 이미 Justus Lipsius, *De Cruce*, Amsterdam 1670, 47ff에
    나타난다. 제1권 11장의 제목은 "십자가형의 대략적인 기원과
    관습들"(*Apud plerasque gentium cruces fere usitatas*)이다.
3. 인도의 왕 스타브로바테스가 세미라미스에게 보낸 협박편지를
    보라. Diodorus Siculus, *Bibliotheke* 2,18,1.
4. 앗시리아 왕 니노스는 메디아의 왕 파르노스를 십자가에 달았다
    (Diodorus Siculus, 2,1,10). Lukian, *Iuppiter confutatus* 16: 사르다나
    팔로스는 왕이 되고서, 용감한 사람(ἀνὴρ ἐνάρετος) 고케스를 십자가
    에 달았다. 이 기사는 물론 역사적 신빙성이 없다. 앗시리아인들 사
    이에서 말뚝을 사용하여 처형하던 방식에 대해서는 *ANET* 362, 368,
    373(라키쉬 습격에 관한 부조)를 보라.

나였다. 특히 켈트족 역시 십자가형을 사용하였는데, 포세이
도니오스에 따르면 이들은 범죄자들을 **십자가에 달아 신들에게
제물로 바쳤다.**[7] 그 이후에는 게르만족과[8] 브리튼족이[9] 로마인
들에게 십자가형을 넘겨받아 자신들의 고유한 처벌 방식과 결
합시켰다. 마지막으로 〔누미드족과〕 특히 카르타고인들—아마
도 로마인들이 이들에게 배웠을 것이다—을 꼽을 수 있다.[10] 십

---

5. 퀴루스는 스키타이인들에 의하여 십자가에 못박혔다. Diodorus
   Siculus, 2,44,2; 참조, Justin, *Epitome* 2,5,6; Tertullian, *Adversus
   Marcionem* 1,1,3: "카우카소스의 십자가에"〔*crucibus Caucasorum*〕.

6. Euripides, *Iphigenia in Tauris* 1429f: 타오스 왕은 이방인들을
   절벽에서 밀어 떨어뜨리거나 말뚝 위에 묶어놓았다(또한 말뚝으로
   찌르게 했다). 트라키아인들에 대해서는 이하 각주 12번을 보라.

7. Diodorus Siculus, 5,32,6; "그들은 악한 자들의 희생에 대하여 굉장
   히 무자비했다. 곧 그들은 그들을 자신들의 신들을 위하여 십자가
   에 못박았다"〔καί περὶ τὰς θυσίας ἐκτόπως ἀσεβοῦσι· τοὺς γάρ κακούργους ...
   ἀνασκολπίζουσι τοῖς θεοῖς ...〕.

8. Tacitus, *Annals* 1,61,4; 4,72,3, 이에 반하여 *Germania* 12,1과 비교
   하라: "그들은 반역자들과 탈주병들을 나무에 내걸었다"〔*proditores
   et transfugas arboribus suspendunt*〕. 또한 Dio Cassius 54,20,4; Florus,
   Epitome 2,30 = 4,12,24를 보라.

9. Tacitus, *Annals* 14,33,2: "그들은 처형과 교수형, 화형과 십자가형을
   서둘렀다. 심판의 날이 온다 하더라도 그것은 단지 복수가 그 사이
   에 행하여진 후에야 올 것이다"〔*sed caedes patibula, ignes cruces tamquam
   reddituri supplicium, et praepreta interim ultione, festinabant*〕. 참조, Dio Cassius
   62,7,2와 11,4.

10. 〔Numidians: Sallust, *Bellum Iugurthinum* 14,15; Caesar, *Bellum
    Africum* 66. Carthaginians〕; Polybius 1,11,5; 24,6; 79,4f; 86,4;

자가 처형은 헬라의 전형적인 처벌 형태는 아니었지만, 헬라
인들은 십자가형과 관련된 처벌 방식을 가지고 있었고 부분적
으로는 십자가형을 넘겨받기도 했다(본서 제10장을 보라). 로
마와 헬라의 역사가들은 모두 야만 민족이 사용했던 십자가형
을 즐겨 부각시켰지만, 자신들이 이 형벌 방식을 사용했던 것
에 대해서는 기술하기 꺼려했다. 다른 사람들보다도 로마의 최
대의 적이었던 미트리다테스와[11] 트라키아의 두 왕, 곧 잔혹했
던 디에귈리스와 더욱 악했던 그의 아들 지셀미오스가 헬라시
대의 〔십자가형 사용에 대한〕 놀랄 만한 무서운 예로 언급된다.[12]

　하나의 독특한 문제는 **십자가형의 형태가 매우 다양했다는**
것이다. 무엇보다도 범죄자를 산 채로 십자가에 달아 처형한
것인지 아니면 다른 방식으로 처형된 자의 시체를 십자가 위
에 전시한 것인지 사이의 구분은 항상 분명하지 않다. 어떠한
경우이든 간에 십자가형은 희생자를 대단히 모욕하는 방식이
었다. 헤로도토스는 살아 있는 사람을 십자가에 단 경우에는
ἀνασκολίζειν 동사를, 시체를 기둥에 박은 경우에는 ἀνασταυρ

　　Diodorus Siculus 25,5,2; 10,2; 26,23,1; Livius 22,13,9; 28,37,2;
　　38,48,13; Valerius Maximus 2,7 ext. 1: Justin, *Epitome* 18,7,15; Silius
　　Italicus, *Punica* 1,181; 2,435f.

11.　Appian, *Mithridatic Wars* 97; 참조, Valerius Maximus 9.2, ext. 3.

12.　Diodorus Siculus 33,15,1; 34/35,12,1: 아버지는 말뚝에 처형되었고,
　　아들은 십자가에서 처형되었다고 한다.

οὖν이라는 동사를 사용하였다. 반면, 크테시아스는 양자의 경우에 모두 ἀνασταυρίζειν을 사용했다. 이 두 동사에 있어서의 관건은 희생자—살아있든지 죽었든지—가 기둥에 못이 박혔거나(σκόλοψ) 거기에 달려 있음(σταυρός)을 의미한다는 것이다. 이때 가로대(Querbalken)가 사용되었는지 여부는 이 동사들이 사용된 본문만으로는 확인하기 어렵다. 고대에 가장 잘 알려진 예로서, 사모스의 폴뤼크라테스는 엄밀한 의미에서 십자가형을 당한 것이 아니라, 총독 오로이테스에 의해 페르시아 권역으로 유인되어서, "형언할 수 없는 (잔혹한) 방식"으로 죽임을 당한 후 그 시체가 기둥에 달리게 된 것이다(ἀποκτείνας δέ μιν οὐκ ἀξίως ἀπηγήσιος Ὀροίτης ἀνεσταύροσε)(Herodot, *Historia* 3,125,3). 그럼에도 불구하고 후기 전승에서는 최고의 행운에서부터 최악의 재앙으로의 갑작스러운 운명의 변화를 보여주고 있는 폴뤼크라테스를 십자가에 처형된 자의 원형으로 간주한다.[13] 헤로

---

13. Cicero, *De finibus* 5,92; Valerius Maximus 6,9 ext. 2; Fronto, *Epistula de bello Parthico* (van den Hout I, 208f); Lukian, *Charon (Contemplantes)* 14;〔Dio Chrysostom, *Oratio* 17 (67),15〕; 참조, Philo, *De providentia* fr. 2,24f에 나타난 해석과 이후 Eusebius, *Praeparatio Evangelica* 8,14,24f. (Mras, GCS 43,1, 468f)와 아르메이아어 판 2,25; L. Früchtel, in: *Philo von Alexandria, Die Werke in deutscher Übersetzung*, Bd. VII, Berlin 1964, 335f: "그것으로 그는 잔혹한 운명을 맞게 되었다." 필로에게 있어서 그가 당한 십자가 처형은 불법적인 삶을 종결시키는 최후의 형벌이었다.

도토스 이후에 ἀνασκολπίζειν과 ἀνασταυροῦν이라는 단어는 동
의어가 되었다. 예를 들어, 요세푸스는 (ἀνα)σταυροῦν만을 사
용하였고, 다른 한편으로 필론은 그와 동일한 대상을 가리켜
ἀνασκολπίζειν만을 사용했다. 하지만 헤로도토스가 제시하고
있는 상세한 십자가 처형 묘사에서는 이 두 동사 중 어느 것도
나타나지 않는다. 헤로도토스에 따르면 아테네의 총사령관 크
산티포스는 총독 아르타위크테스를 종교적인 위법 행위를 이
유로 크세르크세스가 헬레스폰트 위에 건설했던 바로 그 다리
위에서 처형했다. "그들은 지지대 위에 그를 못박고 거기에 매
달았다(〔πρὸς〕 σανίδας προσπασσαλεύσαντες ἀνεκρέμασαν). 그리고 그들
은 그 아들을 아르타위크테스가 보는 앞에서 돌로 쳐 죽였
다."[14] 우리는 이보다 더 상세한 기록을 아주 조금 가지고 있을
뿐이며, 그마저도 로마시대로부터 유래한 것들이다. 사실상 복
음서의 수난기사에 나타난 십자가 사건이 가장 상세하다. 어떠
한 고대의 작가들도 이 잔혹한 과정을 길게 다루기를 원하지
않았다.

처형 과정에 있어서 일종의 '표준'—범법자는 먼저 매질을
당한 후에, 형틀을 사형 집행 장소로 끌고 가곤 했다. 그곳에서

---

14. Herodot 9,120, 참조 7,33: ζῶντα πρὸς σανίδα διεπασσάλευσαν. I.
Barkan, *Capital Punishment*, 69f. 여기에서 "아포튐파니스모스"
〔apotympanismos〕 형벌의 예를 발견할 수 있다. 본서 제10장을 보라.

양팔을 벌린 채 형틀에 못으로 박히고, 일으켜 세워져, 작은 나무로 만들어진 자리[15] 위에 앉게 된다—이 있었을 로마제국에 있어서도, 처형의 모습은 상당히 가지각색이었다. 말하자면, **십자가형은 형 집행자에게 원하는 만큼 때리고 괴롭힐 수 있는 권한이 주어졌던 형벌이었다.**〔집행자에 따라 너무나도 다양한 가능성들이 열려 있었기에 고고학적인 관점에서 그 십자가형을 완전히〔일치하게〕기술하려는 모든 시도는 무용하다.〕이는 세네카의 증언에 자명하게 드러난다.

　　그곳에서 나는 단지 한 가지 방식이 아니라 여러 가지 다양한 방식으로 만들어진 십자가를 보았다. 몇몇은 거꾸로 달려 있었고, 몇몇은 은밀한 부분이 창으로 찔려 있었으며, 어떤 이들은 양팔을 벌린 채 교수형을〔겸하여〕당하기도 했다. (*Video istic cruces, non unius quidem generis, sed aliter ab aliis fabricatas: capite quidam conuersos in terram suspendcre, alii per obscena stipitem egerunt, alii brachia patibulo explicuerunt.*)[16]

15.　"앉는 자리"〔sedile〕에 대해서는 H. Fulda, *Das Kreuz und die Kreuzigung*, Breslau 1878, 149ff를 보라; 못박는 것에 대해서는 J. Blinzler, *Der Prozess Jesu*, Regensburg 41969, 375ff; ET of 2nd ed., *The Trial of Jesus*, Westminster, Md, 1959, 264f. 참조, 본서 제4장 각주 25번을 보라.

16.　*Dialogue* 6 (De consolatione ad Marciam), 20,3; 참조, *Martyria Petri*

요세푸스의 저작에는 포위된 예루살렘에서 빠져나가기를 시도하는 유대 탈주병의 운명에 관한 목격자의 증언이 나타난다.

[로마군에게] 잡혔을 때, 그들은 긴급한 상황으로부터 스스로를 보호해야 했다. 전투가 끝났을 때, 그들은 자비를 구하기에는 너무 늦었다고 생각했다. 그들은 죽기 전에 호된 매질을 당하고, 온갖 종류의 고문으로 괴롭힘을 당한 후, 성벽 앞에서 십자가 처형을 당했다(μαστιγούμενοι δὴ καὶ προβασανιζόμενοι τοῦ θανάτου πᾶσαν αἰκίαν ἀνεσταυροῦντο τοῦ τείχους ἀντικρύ). 티투스는 그들에게 연민을 느꼈지만, 그들을 풀어주거나 감시하기에는 그들의 숫자가—추정상 하루에 500명까지 잡혀왔다—너무 많았기에, 자신의 병사들이 그들을 마음대로 다루도록 허락하면서, 특히 수많은 유대인들이 십자가에 달린 끔직한 광경을 통하여 [예루살렘

---

et Pauli 60 (Lipsius I, 170). Y. Yadin, *Epigraphy*에서는, 예루살렘에서 십자가에 달린 자들 중, 비문의 증거와 신체상의 증거로 보았을 때에 십자가에 거꾸로 달린 사람이 있었다고 추측하고 있다. 희생자를 찌르는 다양한 방식에 대해서는 본서 제10장 각주 1번을 보라. Apuleius, *Metamorphoses* 8,22,4f에는 다른 고문 방식들이 나타난다. 〔참조, *Suidae Lexicon* (Adler III, 223,10ff) s.v. Κύφωνες: 십자가 처형과 유사하게 형틀에서 서서히 죽어가는 것.〕

성 안에 있는 유대인들이〕 항복하고 성문을 열어주기를 기대했다. "그래서 분노와 증오에 가득 찬 〔로마〕 병사들은 조롱할 요량으로 〔유대인〕 포로들을 다양한 자세와 모습으로 십자가에 못박았는데(προσήλουν ... ἄλλον ἄλλῳ σχήματι πρὸς χλεύην), 그 수효가 너무나도 많아 십자가를 세울 공간이 부족했으며 그들을 매달 십자가도 부족했다."[17]

이와 동일한 일들이 로마의 첫 번째 기독교 박해 때에 네로 황제의 직접적인 지시로 일어났던 것 같다. 이에 따라, 타키투스의 『연대기』〔Annals〕 15,44,4에 나타난 유명하고도 논쟁적

---

17. Josephus, *BJ* 5,449-451. 유대 지역에 있었던 대규모의 십자가 학살 사건에 대해서는 *BJ* 2,75 (*Antiquitates* 17,295)를 보라: 바루스에 의한 주전 4세기 이전에 있었던 예루살렘의 사건; 참조, 2,241: 쿠마누스에 의하여 행하여진 모든 십자가형은 유대 포로들을 대상으로 한 것이었다. *Antiquitates* 20,129에 따르면 사마리아와 유대의 범죄자들에게 십자가형이 주어졌다. 참조, *BJ* 2,253. 펠릭스는 무수한 "강도들"을 십자가에서 처형시켰다; 2,236, 308: 플로루스에 의한 예루살렘에서의 십자가 처형. 요드파트의 한 유대인 포로, 3,321: "〔요드파트의 유대인 포로는〕 온갖 종류의 고문을 당하고 불을 통과하기까지 했지만 적군에게 아무 정보도 발설하지 않았다. 그리고 그는 웃으면서 십자가형을 당했다"(πρὸς πᾶσαν αἰκίαν βασάνων ἀντέσχεν καὶ μηδὲν διὰ πυρὸς ἐξερευνῶσι τοῖς πολεμίοις περὶ τῶν ἔνδον εἰπὼν ἀνεσταυρώθη τοῦ θανάτου καταμειδιῶν). 5,289: 티투스는 공격 당시 생포한 한 유대인을 십자가에서 처형시켰다(εἴ τι πρὸς τὴν ὄψιν ἐνδοῖεν οἱ λοιποὶ καταπλαγέντες). 참조, 본서 제11장, 각주 5번을 보라.

인 구절이 해석되어야 한다.

그리고 그들의 최후에는 조롱이 더해졌다. 즉, 그들은 들짐승의
가죽으로 덮여 개들에게 찢겨 죽게 되거나, **십자가에 달려 날이
질 때에 태워져** 밤의 등불로 이용되었다. (*Et pereuntibus addita
ludibria, ut ferarum tergis contecit laniatu cannum interirent, aut
crucibus adfixi atque flammati, ubi defecisset dies, in usu[m] noc-
turni luminis urerentur.*)

말하자면, *aut crucibus adfixi atque flammati*("또는 십자가에 달
려 태워졌다")는 삭제할 수 있는 부가적인 설명[Glosse]이 아니다.
오히려 십자가형은 이 기본적인 형벌에 "부가적인 모욕"[addita
ludibria]이 첨가된 것이었다.[18] 디오 카시우스는 십자가형을 사
용하는 네로의 잔혹한 행습을 입증하였다—물론 그리스도에
대한 언급은 그의 작품 내내 침묵으로 일관하고 있다(63,13,2).
우리는 이미 플라톤의 『고르기아스』[Gorgias]로부터 **범죄자
의 십자가형에는 여러 가지 고문이 선행되곤 했다**는 것을 확인할

---

18. Koestermann, *Tacitus. Annalen*, Bd. IV (Anm. 4), 257를 보라. 쾨스터
만은 Josephus, *BJ* 5,451이나 Philo, *In Flaccum* 72,85에 나타난 것과
비슷한 전례를 염두에 두고 있는 카포키를 따른다. 이러한 종류의
잔학함이 풍부하게 집적된 작품으로는, Seneca, *Dialogue* 5 (= De ira
3), 3,6을 보라.

수 있다. 거기에서 폴로스는 특별히 무시무시한 예—예시이기는 하지만 당대 정치의 실제 모습을 반영하고 있을—를 들어 소크라테스에 반박하려 한다.

만일 한 사람이 스스로 폭군 같은 참주〔고대 그리스에서 독재권을 가졌던 지도자—역주〕가 되려는 음모를 꾸미다가 잡히면, 즉시 온갖 고문을 당하고 불구가 되며 눈은 불태워진다. 온갖 고통을 겪은 후에 그는 자신의 아내와 자식들이 동일하게 모욕당하는 것을 보게 된다. 그는 결국 십자가에 달리거나〔τὸ ἔσχατον ἀνασταυρωθῇ〕[19] 역청을 뒤집어쓰고 태워진다. 만일 그가 잡히지 않고 도망하여 스스로 전제군주가 되어서 자신의 폴리스를 다스리면서 여생을 보내고, 거기서 자신이 원하는 것들을 하며, 주민들과 이방인들 중에서 부러움과 축하의 대상이 된다면, 그는 더 행복하게 될까? (473b-c).

---

19. Philo. *In Flaccum* 72: 온갖 고문이 선행된 이후에, "최종적이며 궁극적인 형벌은 십자가였다"〔ἡ τελευταία καὶ ἔφεδρος τιμωρία σταυρὸς ἦν〕. 참조, Eusebius, *Historia Ecclesiae* 3,32,6에는 주후 100년경 아티쿠스 아래에서, 예루살렘의 제사장 클로파의 아들 쉼온의 처형에 대하여 기록되어 있다. "그는 여러 날 동안 고문을 받은 후, 십자가에 처형하라는 지시를 받게 된다"〔καὶ ἐπὶ πολλαῖς ἡμέραις αἰκιζόμενος ... καὶ ἐκελεύσθη σταυρωθῆναι〕.

소크라테스는 "비참한 두 인생들 중 한쪽이 더 행복할 수 없기 때문에" 이렇게 두 상황을 나란히 놓고 보는 것을 잘못된 것으로서 거부했다. 물론 폭군의 권세를 가진 사람이 고문 아래에서 죽는 사람보다 더 불행한 인생이라고 거듭 말하기는 했지만 말이다—이러한 대답은 그의 적대자들로부터 비웃음을 샀다(473d-e).

플라톤은 이 주제를 무죄한 자의 고통에 관한 유명한 예시를 들면서 다시 거론하였지만(*Politeia* 361e-362a), 이제는 그것을 반대 방식으로 적용하여 자신의 논증에 예언적 긴박감을 더해 주었다. 〔이 책의 등장인물인〕글라우콘은 완전히 정의롭지 못한 사람과 완전히 정의로운 사람을 비교한다(360e). 정의롭지 못한 자는 교활함과 양심 없음을 통해 권력과 부를 얻고, 그것으로 가장 의로운 척 한다. 반면 완전히 정의로운 자는 정의롭지 못한 자로 보이게 되고 그렇게 취급을 받아 결국—글라우콘은 여기에서 자신의 대담하고도 실제적인 언어에 대하여 양해를 구한다—고문을 당하여 죽음에 이르게 된다.

정의로운 자는 채찍질을 당하고 고문을 받으며 차꼬를 채운 채두 눈이 멀게 되어, 결국 극도의 고통을 받은 후에 **말뚝에 달리게 될 것이다**〔τελευτῶν πάντα κακὰ παθῶν ἀνασχινδυλευθήσεται〕. 그리하여 그는 정의로울 필요가 없으며 정의롭게 보이려는 것이 중요하다는 점을 깨닫게 된다.

플라톤은 분명히 가장 정의로운 자의 실례로서 당대 시민들의 평가를 전혀 신경 쓰지 않았던 소크라테스를 염두에 두고 있었다. 더욱더 놀라운 것은 플라톤이, 소크라테스의 '인도적인' 사형과는 대조적으로, 아테네 시민들에게는 비정상적으로 보였던 극도로 야만적인 방식으로 정의로운 자가 죽게 될 것을 마음에 그리고 있었다는 점이다.[20] 〔플라톤이 언급했던 정

---

20. 플라톤은 아마도 "아포튐파니스모스"〔Apotympanismos〕를 특별히 잔혹한 형태의 형벌로 간주했던 것 같다(본서 제10장을 보라). *Acta Apollonii* 39f와 Clement of Alexandria, *Stromateis* 5,108.2f; 4,52,1f. 이후에 나타나는 기독교적 해석에 대해서는, E. Benz, *Der gekreuzigte Gerechte*, 31ff를 보라. 불쾌한 십자가 처형 없이 고난 받는 의로운 자에 대해서는 다음을 보라. Tyrus, *Dialexeis* 12,10 (Hobein, 156f); Carneades에 이어서 Cicero, *De republica* 3,27; 참조, Seneca, *Dialogue* 2 (*De constantia sapientis*) 15,1; 벤츠〔Benz〕를 수정하고 보완한, H. Hommel, *Der Gekreuzigte Gerechte. Platon und das Wort vom Kreuz*, ThViat 4 (1952[1953]), 124-33 = H. Hommel, *Sebasmata. Studien zur antiken Religionsgeschichte und zum frühen Christentum* (WUNT 31), Tübingen 1983, 75-82; 〔'Die Satorformel und ihr Ursprung', ThViat 1952, (108-180) 124-33〕. 본서 제10장 각주 12번을 보라. 독특하게, 드물게 나타나는 단어 ἀνασχινδα(υ)λεύειν은 다시 교부들의 글에 플라톤에 대한 언급과 함께 나타난다. Eusebius, *Praeparatio Evangelica* 12,10,4; Theodoret, *Graecarum Affectionum Curatio* 8 (PG 83,1012).

의로운 자의 십자가 처형에 관한 주제를 처음으로 신중하게 다시 꺼내어 든 것이 기독교 작가들—예컨대, 알렉산드리아의 클레멘스와 『아폴로니우스의 행적』(Acta Apollonii)의 저자—이었다는 것은 중요한 의미가 있다. 다른 고대의 작가들—루키아노스는 예외다—은 이를 암시하면서도 그들에게 거리꼈던 십자가 처형에 관한 어떠한 기록도 남겨놓지 않았다.] 후대의 우리는, 데모스테네스가 날조된 살인 혐의에 대하여 변호하면서 (Oratio 21,105) "못박히는 것"(προσηλοῦσθαι)을 가장 최악의 처형 형태라고 묘사했던 것을 통해서도, 십자가형이나 그와 유사한 형태의 처형 방식이 헬라인에게조차 완전히 생경한 것은 아니었다는 점을 받아들여야만 할 것이다(본서 제10장을 보라).

십자가 처형 이전에 행사되었던 고문은 카르타고인들 및 상대적으로 '정상적인' 사형 집행 과정을 가지고 있었던 로마인들 사이의 통례였다. 적어도 처형 이전에는 **채찍질**이 가해졌다.[21]

---

21. 이에 대해서는, 많은 사람들이 고문을 받는 동안 죽기도 했다는 것을 기록하고 있는 Digest 48,19,8,3을 지시하고 있는 J. Blinzler, Prozess, 321ff. (ET 222ff)를 보라. 참조; Dionysios von Halikarnass, Antiquitates Romanae 5,51,3: "모두 채찍질과 고문으로 고통당한 후 십자가에서 처형되었다"(μάστιξι καὶ βασάνοις αἰκισθέντες ἀνεσκολοπίσθησαν ἅπαντες); 7,69,1f; Diodorus Siculus 18,16,3, 본서 이하 제10장 각주 15번을 보라. 참조, 네로는 선조들의 풍습을 따른(more maiorum) 사형

이 고문은 십자가형의 실제적인 고통, 무엇보다도 오랜 지속 시간으로 인해 발생하는 고통을 감소시켜주는 데 도움이 되었을 것이다. 후대의 문헌들은, 콘스탄티누스와 주후 4세기 기독교 세계의 황제들 시대 이후에, 십자가형이 실제로 인도적이라고 하는 '교수대'(furca)에 매다는 형벌로 점차 대체되었다는 것을 명시적으로 기록하고 있다.

당연히 교수형은 십자가형보다는 약한 형벌이었다. 왜냐하면

방식으로서 채찍형을 받게 될 것이라는 위협을 받는다(Suetonius, *Nero* 49.2): "범죄자는 벗겨지고, 목은 고랑에 매여, 죽을 때까지 매질을 당한다"(*nudi hominis cervicem inseri furcae, corpus virgis ad necem caedi*). 전설에 따르면, 이는 타르퀴니우스 수페르부스 왕에 의하여 이미 공공연하게 시행되고 있었다. Dio Cassius 2, fr. 11,6; 희생자는 벗겨진 채 기둥에 묶여 주민들이 보는 앞에서 죽을 때까지 채찍질을 당했다: ἐν τοῖς τοῦ δήμου ὄμμασι σταυροῖς τε γυμνοὺς προσέδησεν καὶ ῥάβδοις αἰκισάμενος ἀπέκτεινεν (*Boissevain* I, 27). 대-스키피오 아프리카누스는 스페인에서 군령을 견지하기 위해 이 방법을 사용했다(Dio Cassius 16; Zonaras 9,10,8 [I, 251]). 가이우스 플라비우스 핌브리아는 미트리다테스 전쟁 때 마케도니아에서 이 형벌을 활용했다(Dio Cassius 30-35, fr. 104,6 [I, 348]); 하스몬의 마지막 왕 안티고노스는 주전 38년에 이 방식으로 수치를 당하고 도끼로 처형을 당했다. "그 어떤 왕들도 로마인들에 의해서 이러한 방식으로 처형된 적이 없다"(Dio Cassius 49,22,6). 참조, M. Fuhrmann, 'Verbera', PW Suppl. IX (1589-97) 1590ff.〔매질과 십자가형의 결합에 대해서는 Livius 22,13,9; 28,37,3을 보라: "매를 때린 후, 그는 그들에게 십자가에 달도록 명령했다"(*laceratosque verberibus cruci adfigi iussit*).〕

십자가는 거기에 달린 자에게 오랫동안 고통을 가하지만, 교수대는 처벌자를 즉각적으로 죽이기 때문이다. (*sed patibuli [= [22] furca] minor poena quam crucis. Nam patibulum adpoenos statim exanimat, crux autem subfixos diu cruciat.*)

발레리우스 막시무스(2,7,12)는 리뷔우스(30,43,13)에 이어서 대-스키피오가 제2차 포에니전쟁 말미에 라틴의 동맹국보다도 로마의 탈주병들을 더욱 '혹독하게' 처벌하였다고 기록했다.

스키피오는 후자를 반역자이자 역적으로서 십자가에서 처형하였고, 전자는 신뢰 없는 동맹군으로서 참수하였다. (*hos enim tamquam patriae fugitiuos crucibus adfixit, illos tamquam perfidos socios securi percussit.*)

세네카는 루킬리우스에게 보내는 편지(101)에서 마이케나스에 반대하여, 견딜 수 없는 고통에서 자유로워질 수 있는 최

---

22. Isidore von Servile, *Etymologia* 5,27,34 (Lindsay); Apuleius, *Metamorphoses* 8,22,5에 나타나는 것은 십자가형과 거의 유사하다. 여기에서 한 노예는 나무에 묶여 아주 잔혹한 방식으로 죽을 때까지 서서히(*per longi temporis cruciatum*) 고문을 당한다. 이에 관해서는 Fulda, *Kreuz und Kreuzigung*, 115f를 보라.

후의 수단으로서 자살의 가능성을 적극적으로 옹호하였다. 마이케나스는 운문의 형태를 가지고 노년에 질병에 걸린 사람의 슬픔을 십자가에 달린 사람의 고통에 비교하여 묘사하면서도, 어떠한 대가를 치르더라도 삶을 붙잡고 있기로 선택한다.

> 나의 손은 마비가 되었고,
> 발은 쇠약해져 쓸모가 없이 되었으며,
> 나의 등은 구부러져 곱추가 되었고,
> 이는 덜컥거리며 흔들리더라도,
> 생명이 남아있으니 모든 것이 좋구나.
> 비록 내가 통절한 십자가에 달려있을지라도,
> 구원하소서. 내가 당신께 기도하니, 오 구원하소서.
>
> (*Debilem facito manu, debilem pede coxo,*
> *Tuber adstrue gibberum, lubricos quate dentes;*
> *Vita dum superest, benest; hanc mihi, vel acuta*
> *Sisedeam cruce, sustine.*)

　반대로 세네카에게 있어서, 십자가—통절한 못에 홀로 몸을 맡길 수밖에 없는—위에서 겪는 고통과 비견될 수 있는 인생, 그리고 처형될 것—죽음—으로 유일한 위로를 삼는 인생은 더 이상 생명을 부지할 가치가 없다.

고통의 위로가 되는, 형벌의 끝〔죽음〕을 지연시키기 위하여 교
수대에 무력하게 매달려 자신의 상처를 짓누르는 것이 가치가
있는가? (*Est tanti vulnus suum premere et patibulo pendere dis-*
trictum, dum differ at id, quod est in malis optimum, supplicii fi-
nem?)

천천히 죽어가는 과정에 있는 사람은 더 이상 "생명"이라
고 부를 가치가 없다. 이하의 묘사는 고대 문학에서 유일하게
십자가에서 처형된 자의 죽어가는 과정을 담고 있다.

어느 누가 단번에 숨을 거두기보다는 아주 느릿느릿 죽어가는
데에 시간을 쏟거나, 그 생명이 한 방울씩 빠져나가는 것을 원
하겠는가? 어느 누가 저주받은 나무에 달려 오랜 시간 고통에
시달리고, 어깨와 가슴 위에 넌더리나게 부르튼 자국으로 몰골
이 상하며, 길고도 일그러진 몸부림 속에서 생명의 숨을 몰아
쉬기를 원하겠는가? 〔범죄자는〕 십자가에 못박히기 전부터 수차
례 자비를 구할 것이다. (*Invenitur aliquis, qui velit inter supplicia*
tabescere et perire membratim et totiens per stilicidia emittere ani-
mam quam semel exhalare? Invenitur, qui velit adactus ad illud in-
felix lignum, iam debilis, iam pravus et in foedum scapularum ac

*pectoris tuber elisus, cui multae moriendi causae etiam citra cru-
cem fuerant, trahere animam tormenta tracturam?*)[23]

이러한 고대의 증거를 미루어 볼 때, 십자가 처형이 "피 흘
림이 없는 사형 방식"이었다고[24] 최근에 되풀이되는 주장을 이

---

23. 참조, *Dialogue* 3 (*De ira* 1) 2.2: 잔인한 죽음의 형태의 목록들 중 마
   지막에 절정으로서 "다른 이는 십자가에서 사지가 찢겼다"(alium in
   cruce membra diffindere). *Dialogue* 5 (*De ira* 3), 3,6: 말, 오랏줄, 감금, 십
   자가, 불의 형벌은 산채로 땅에 묻는 것과 더불어 다른 종류의 형벌
   들과 … 사지를 찢는 것(*eculei et fidiculae et ergastula et cruces et circumdati
   defossis corporibus ignes ... uaria poenarum, lacerationes membrorum*). Valerius
   Maximus 6.9 ext. 5도 보라. 거기에는 십자가에 달린 폴뤼크라테스
   에 대한 소름끼치는 묘사가 기록되어 있다. Cicero, *In Pisonem* 42:
   "만일 내가 십자가에 달린 너와 가비니우스를 보게 된다면, 너의 몸
   이 찢기는 것을 볼 때에 과연 너의 명성이 떨어지는 것을 볼 때보
   다 더 큰 기쁨을 느낄까?"(*An ego, si te et Gabinium cruci suffixos viderem,
   maiore adficerer laetitia ex corporis vestri laceratione quam adficior ex famae?*).
   Apuleius, *Metamorphoses* 6,32,1: "들개들과 독수리들이 가장 깊은
   곳의 내장까지도 헤집어내는 형틀의 고통"(*patibuli cruciatum, cum canes
   et vultures intima protrahent viscera*).

24. E. Brandenburger, Σταυρός, 18; 참조, E. Brandenburger, Art. Kreuz,
   TBLNT II/1 (1969), 826f: "십자가형은 실제로 … 그 성질(!)에 있어
   서 피흘림이 없는 형벌이었다." 이에 대한 대답으로 나는, Josephus,
   Antiquitates 19,94를 언급하려 한다. 참조, 또한 J. Jeremias, *Die
   Abendmahlsworte Jesu*, Göttingen 41967, 214 = *The Eucharistic
   Words of Jesus*, London and New York 1966, 223도 보라. 예레미아
   스는 브란덴부르거와 같은 입장을 대변하는데, 완전히 다른 경향을

해하기 어렵다. 모든 역사적인 증거에 반하는 이러한 주장들
이면에는 예수께서 피의 제물로서 죽임을 당했다는 신약의 진
술과 여전히 중시되고 있는 바울의 십자가 신학〔theologia crucis〕
사이의 관계를 의심하고 경계 지으려는 경향이 있다. 로마시대
에는 처형될 자의 손과 발에 못을 박는 것이 관습이었을 뿐 아
니라,[25] 채찍질이 이 형벌의 정형화된 일부 과정이었다는 것에
주목해야 한다. 이때 피가 쏟아졌다.〔처형될 자를 십자가에

가지고 있다. 이는 이미 골 1:20과 모순이 된다.

25. J. Blinzler, *Prozess*, 361f., 377ff. (ET 250, 264f); J. W. Hewitt, The
   Use of Nails in Crucifixion, *HThR* 25 (1932), 29-45; 참조, 무엇보다
   도 Philo, *De posteritate Caini 61*; De somniis 2,213; Achilles *Tatius*,
   2,37,3; Plutarch, *Moralia* 499D; Plinius der Ältere, *Historia Naturalis*
   28,41, 46; Manetho, *Apotelesmatica* 4,199; 1,149; Seneca, *Dialogue*
   7 (De vita beata) 19,3; Lukian, *De Bello Civili* 6,543-7; Apuleius,
   Metamorphoses 3,17,4; Galen, *De usu partium* 12,11 (Kühn IV, 45);
   Artemidorus, *Oneirocriticon* 2,56; Lukian, *Prometheus* 1,2; *Dialogus
   deorum* 5(1),1 (본서 제2장 각주 1번을 보라). Xenophon, *Ephesiaca*
   4,23. 에베소의 크세노폰은 여기에서, 십자가에 매다는 것은, 그 이
   야기에 나타나는 근거에 의하면, 이집트의 관습이자 예외로 언급
   된다. 하지만 *Chariton* 4,3,6와 비교해보라: 영웅은 십자가형으로
   해를 당하지 않는다; 십자가형에서 사용되는 못은 철저하게 고대
   마술사의 장비에 속한다. 또한 예루살렘에서 십자가에 달린 해골
   의 발견도 살펴보라. 십자가의 못이 여전히 발뒤꿈치 뼈에 박혀있
   다: N. Haas, Anthropological Observations on the Skeletal Remains
   from Giv'at ha-Mivtar', *IEJ* 20, 1970, (38-59) 49ff와 이와 관련하여, F.
   Ducrey, *Note*를 보라.

밧줄로만 묶었던 것은 예외적인 경우다.[26] 추정컨대 예수께서 많은 피를 흘려 너무 쇠약해졌기에, 십자가 형틀을 처형 장소로 끌고 갈 수 없었을 것이다. 더불어 예수께서 일반적인 경우보다 상대적으로 빠른 시간 내에 죽음에 이르게 된 것 역시 이 사실을 잘 설명해준다. "어깨와 가슴 위에 넌더리나게 부르튼 자국"이라는 세네카의 오싹한 표현은 아마도 채찍질의 결과에 대한 언급이었을 것이다.

세네카의 증거와 더불어 다른 증거들 역시 십자가 처형이, 단지 비유〔Vergleich〕나 메타포〔Metapher〕로 사용된 경우일지라도, 작가들의 눈에 가장 공포스러운〔grauenhafte〕 현실을 반영한 형벌임을 보여준다. 이러한 태도는 근본적으로 주후 311년 갈레리우스의 관용칙령〔Duldungsedikt〕 때까지 십자가에 대한 그리스도인들 사이의 대화에 있어서도 발견된다. 그때에는 로마제국 도처에 십자가가 세워졌을 뿐 아니라, 그리스도인들은 자신들이 십자가 위에서 처형되거나 십자가형 내지 그와 유사한 형벌들을 받게 될 수도 있다는 것을 늘 염두에 두어야만 했을 것이다.[27]

---

26. H. Fulda, *Das Kreuz und die Kreuzigung*. 161ff에서는 이를 집중적으로 다룬다. Plinius der Ältere, *Historia Naturalis* 28,46와 Lukian, *De Bello Civili* 6,543f., 547에 나오는 마녀는 십자가형에서 사용되는 못과 밧줄이 마술적이라는 것을 알고 있다.

27. 참조, Justin, *Dialog mit dem Juden Tryphon* 110,4; Tertullian,

Apologeticus 12,3: "너희는 그리스도인들을 십자가와 기둥에 결박했다"(*crucibus et stipitibus imponitis Christianos*); 50,12; *Ad nationes* 1,3,8; 1,6,6; 1,18,1; *De anima* 1,6; 56,8, etc. Eusebius, *Historia Ecclesiae* 2,25,5; 3,32,6: 트라야누스 치하에서 예루살렘의 클로파의 아들 쉼온: *Hegesipp* 8,8,10. 더 많은 예는 P. Garnsey, *Social Status*, 127f. Anm. 10를 보라.

제5장
로마의 '최고 형벌'로서의
십자가 처형

이상의 모든 것들은 우리로 하여금 키케로가 베레스를 반박하면서 어떻게 십자가형을 "숨뭄 수플리키움"〔*summum suppli-cium*: 최고의 형벌〕로 묘사할 수 있었는지를 이해할 수 있게 도와준다.[1] 키케로에게 나타나는 법 전통은 지속되어 주후 200년

---

1.   *In Verrem* 2,5,168: "너는 라이키우스가 판호르무스에서 도착할 때까지, 고발자가 로마시민이라는 것을 입증하기 위하여, 메시나 출신 친구들과 함께 그를 결박하고 잡아두었다"〔*Adservasses hominem* (P. Gavius) *custodiis Mamertinorum tuorum, vinctum clausum habuisses, dum Panhormo Raecius veniret*〕; "너가 그 사람을 알아보았다면, 너는 분명 최고의 형벌을 감하였을 것이다"〔*cognosceret hominem, aliquid de summo supplicio remittere*〕. 169: 베레스의 범죄는 가비우스에게 대항한 것이기보다는 로마와 이탈리아에 대항한 것이었다: "이탈리아 사람들은 그가 노예들이 당하는 극도로 잔혹한 고통을 당하고 있을 때 그들의 아들을 보았을지도 모르겠다"〔*Italia autem alumnum suum servitutis extremo*

경의 법률가 율리우스 파울루스에 이르러 막을 내리게 된다. 주후 약 300년경에, 파울루스의 저작들이 집대성되어 『격언집』(Sententiae)으로 편찬되었는데, 여기에서 "십자가"(crux)는 세 가지 "최고의 형벌"(summum suppicium) 중 최고의 위치에 있다. 이 뒤로는 순차적으로 "화형"(cremato)과 "참수형"(decollatio)이 뒤따른다. 이 형벌 목록에서 참수형을 대신하여 맹수형(damnatio ad bestias)이 흔히 무거운 처벌로 나타나기도 한다. 이는 참수형이 항상 "최고의 형벌"에 포함되는 것은 아니라는 점을 보여준다. 이와 비슷하게, 우리는 그리스 동부 뤼키아 비문—초기 로마제국시대의 것—과 필론의 글 및 이집트의 칙령에서, 〔여기에 십자가형에 대한 언급은 나타나지 않지만〕 "최고형"(ἀνωτάνω τιμωρία) 내지 "형벌"(κόλασις)이 주는 공포를 정확히 확인할 수 있다.[2] 동시에 『격언집』에서는 십자가형으로 처벌될 것으로 예상

---

summoque supplicio adfixum videret); 참조, Philo, *In Flaccum* 72 (본서 제 4장 각주 19번을 보라); Florus, *Epitome* 1,18 = 2,2,25: "감옥이나 십 자가의 최후의 형벌에 의한 것이 아닌"(*nec ultimo sive carceris seu cruets supplicio*). 이 표현과 더불어 *In Pisonem* 44에 나타난 키케로의 수사 학적 질문을 보라.

2. Paulus, *Sententiae* 5,17,2 (Krüger, *Collectio librorum iuris anteiustiniani* II, 126); 〔Minucius Felix, *Octavius* 9,4 (본서 제1장을 보라).〕 이 최고형에 대한 목록에 대해서는 다음을 보라. Sallust, *Bellum Iugurthinum* 14,15; Seneca d. Ä., *Controversiae* exc 8,4; Lukan, *De Bello Civili* 10,365; Apuleius, *Metamorphoses* 6,31,1; 32,1;

되는 범죄들의 목록이 열거되어 있다. 거기에는 적에게 투항하는 것, 비밀을 누설하는 것, 반란을 선동하는 것, 살인, "통치자의 번영 여부"〔de salute dominorum〕에 관해 예언하는 것, "밤에

Xenophon, *Ephesiaca* 4,62f; Justin, *Dialog mit dem Juden Tryphon* 110.4; 〔참조, 본서 제10장 각주 26번.〕 "공격적인 처형 방식"으로서의 "최고의 형벌"에 대해서는, P. Garnsey, *Social Status*, 124. 루이 로베르〔Louis Robert〕 교수는 최근에 출판되어 향상된 읽기를 보여주는 비문에 주의를 기울이게 해주었다. 이 비문은 클라우시우스 시대의 것으로 뤼키아 지방의 뮈라에서 출토되었다. 이 비문에 따르면, 새로운 지역을 위임받은 원로원 계급의 제국지방장관이, 경고에도 불구하고 도시의 문서보관소에 의심스러운 자료를 들였다는 것을 이유로, 한 노예를 채찍질하고, 재발의 경우에 중범죄로 다스리겠다고 위협했다. "그리고 나는 그가 지시를 또 어길 경우 … 매질뿐 아니라 최고의 형벌로〔οὖ πληγαῖς μόνον, / ἀλλὰ καὶ τῆι ἀ[νω]τάτωι κολάσει αὐτοῦ〕 국가의 노예들을 강압할 것임을, 이에 대한 한 증거(즉, 채찍질)로 분명하게 했다." M. Worrle, Zwei neue griechische Inschriften aus Myra zur Verwaltung Lykiens in der Kaiserzeit, in: J. Brochardt (Hg.), Myra. *Eine lykische Metropole in antiker und byzantinischer Zeit* (Istanbuler Forschungen 30), Berlin 1975, 254-300 [256 Z. 14-19.]). ἀνωτάω τιμωρία에 대해서는 a. a. O., 281, Anm. 681: Philo, *In Flaccum* 126; L. Mitteis/U. Wilcken, *Grundzüge und Chrestomathie der Papyruskunde*, Bd. I, 2, Leipzig 1912, Nr. 439 = E. M. Smallwood, *Documents Illustrating the Principates of Gaius, Claudius and Nero*, Cambridge 1967, Nr. 381: 주민들을 억압했던 군인들에 대한 이집트의 한 지방행정관의 칙령: κατὰ τούτου τῆ ἀνωτατω χρήσομαι τειμωρία. 위에서 인용했던 뤼키아 비문의 읽기는, 여기에서 십자가형에 관한 언급으로 추정되는 것들보다, 앞선 시기의 것으로 간주해야 한다.

경건하지 못한 행위"(sacra impia nocturna), "마술"(ars magica), 심각한 위증 등이 포함된다.[3] 여기에는 로마제국 후기의 더욱 발달된 사형법이 나타난다. 물론 십자가형은 가혹한 형벌이었기 때문에 언제나 하류계층(humiliores)에게만 집행되었고, 상류계층(honestiores)에게는 보다 "인간적인"(humaneren) 형벌이 주어졌다. [우리는 여기에서 '계층 정의'(class justice: 계층에 따라 차별적으로 적용하는 정의/법—역주)의 실례를 확인할 수 있다.] 계층의 분화는 카라칼라에 의하여 보편적인 로마 시민권이 소개된 이후에 특별한 의미를 가지게 되었다. 하지만 이러한 차별은 이미 이전부터, 특히 이방인들(pergrini)에 대하여 존재했다.[4] 여기에서 중요한 것은 "십자가형"(crux), "맹수형"(bestiae), "화형"(ignis)은 무거운 형벌로 간주되었으며 이러한 이해는 쉽게 변하지 않았다

---

3. Paulus, *Sententiae* 5,19,2; 21,4; 23,2, 16; 25,1; 30b,1. 또한 U. Brasiello, *La repressione penale in diritto romano*, Naples 1937, 248ff; P. Garnsey, a. a. O., 122-31; [A . Zestermann, *Die Kreuzigung beiden Alien*, Brussels 1868, 25f.]

4. 최고의 형벌의 정도에 대해서는, E. Levy, Die Römische Kapitalstrafe, in: E. Levy, Gesammelte Schriften, Bd. II, Köln u. a. 1963, 325-78, bes. 353ff; 참조, E. Levy, Gesetz und Richter im kaiserlichen Strafrecht, Erster Teil, in: ebd. 433-508, (487ff). 참조, G. Cardascia, L'apparition dans le droit des classes d'"honestiores" et d'"humiliores", *RHDF* 58, 1950, 305-36, 461-85; 형법에 대해서는 319ff를 보라.

는 것이다.[5] 십자가 처형은 형의 무게의 측면에서 오직 '대중축
제로서의 처형'(Volksfesthinrichtung)인 맹수형(bistiis obici)과 비교될
수 있지만, 이는 '최고의 형벌'에서 "정규적인 사형 형태로 분
류되지 않았다. … 왜냐하면 이 형벌이 집행되느냐 여부는 대
중적인 축제가 거행되고 있는지에 달려있었기 때문이다."[6] 이
에 비하여 십자가형은 훨씬 더 흔한 처벌 방식이었다. "맹수에
게 던져지는 형벌"(bestiis obici)은 도시의 경기장과 그에 따른 필
요 시설들이 요구되었지만 십자가형은 어느 곳에서나 시행될
수 있었기 때문이다. 물론 십자가형 역시 "대중의 오락"(Volks-
belustigung)으로 기능할 수도 있었을 것이다. 필론의 기록에 나
타난 바(*In Flaccum* 72,84f), 로마의 지방행정관 플락쿠스가 알
렉산드리아의 유대인들을 고문하고 뒤이어 십자가에서 처형
한 것이 이에 해당한다. 또한 이러한 모습은 강도 두목 라우레
올루스의 처형 장면을 재현―이때 엄청난 인공 피가 쏟아진
다―하고 있는 익살극에서도 확인할 수 있다. 이 두 예는 모두

---

5. 이와 같이, U. Brasiello, *Repressione* (Anm. 68), 246ff., 266ff; G.
    Cardascia, *L'apparition* (Anm. 69), 321, Anm. 7에서 이에 동의하고
    있다. 브라지엘로는 *summum supplicium*을 "*massima tortura*" 내지
    "*pene con cui si tormenta nel modo più doloroso il condannato*"로 정
    의한다. 또한 P. Garnsey, *Social Status,* 927을 보라.
6. Th. Mommsen, *Römisches Strafrecht*, 927.

칼리굴라의 치하에서 있었던 일이다(주후 37-41년).[7] 작가 유
베날리스는 배우 렌툴루스가 이 혐오스러운 장면에서 진짜 십
자가 위에서 연기하기를 원했는데, 그럼으로써 상류계층의 일
원인 배우의 품위를 손상시키게 한 것에는 풍자 작가로서의
〔부패한 사회에 대한〕 반감을 보여준다(8,187-188). 도미티아누스
치하에 있었던 어떤 진짜 범죄자는 강도 두목 라우레올루스의
역할을 했던 것으로 보인다. 그는 십자가에 달린 채 한 스코틀
랜드 곰에게 찢김을 당했다(Martial, *Liberspectaculorum* 7).

> 라우레올루스는 가짜가 아닌 십자가에 달려
> 무방비 상태로 칼레도니아 곰에게 자신의 생명을 맡겼다.
> 피는 뚝뚝 떨어졌고 온몸은 어디에도 그 형체가 없었지만,
> 짓이겨진 사지는 살아 꿈틀거렸다.
> (*nuda Caledonio sic viscera praebuit urso*
> *non falsa pendens in cruce Laurelous*
> *vivebant laceri membris stillantibus artus*
> *inque omni nusquam corpore corpus erat.*)

---

7.   Josephus, *Antiquitates* 19,94; 참조, Suetonius, *Caligula* 57,4;
     Tertullian, *Adversus Valentinianos* 14,4; 참조, J. G. Griffith, *Juvenal
     and Stage-Struck Patricians, Mnemosyne* 15 (1962), 256-61.
     경기장에서의 고문과 십자가형, 화형에 대해서는, Seneca, *Epistulae
     morales* 14,5를 보라; 참조, 본서 제4장 각주 18번을 보라.

이와 유사한 잔혹한 방식이 리용에 있었던 기독교 박해 기
간 동안에 노예 소녀 블란디나를 처형하기 위하여 고안되었
다.[8] 네로는 들짐승의 가죽을 걸치고 십자가에 내걸린 처형자
를 고문하였다고 한다(*Dio Cassius* 63,13,2). 마르티알리스는
십자가에 달려 마땅한 범죄자들을 만족스럽게 그려내고 있지
만, 바로는 이미 아주 오래 전에 그러한 "형의 집행"을 가리켜
야만적인 행위라고 비난하였다.[9]

> 우리가 무죄한 자를 십자가에 달았기 때문에 야만인인 것인
> 가? 그리고 당신들은 유죄한 자를 들짐승에게 던졌기에 야만
> 인들이 아닌 것인가? (*nos barbari quod innocentes in gabalum
> suffigimus homines; uos non barbari quod noxios obicitis bestiis?*)

8. Eusebius, *Historia Ecclesiae* 5,1,41: 그녀는 말뚝에 매달려 들짐승
    들에게 먹이로 던져졌다. 그녀가 옆으로 매달려 있는 것을 보자면
    …〔ἐπὶ ξύλου κρεμασθεῖσα προύκειτο βορὰ τὼν ... θηρίων· ἢ καὶ διὰ τοῦ βλέπεσθαι
    σταυροῦ σχήματι κρεμαμένη ...〕.
9. Menander, fr. 24 (J.-P. Cèbe, 96); Varron, *Satires Ménippées,* Rome
    1972, 92. "십자가"〔crux〕처럼(본서 제1장 각주 21번을 보라) "교수
    대"〔gabalus〕 역시 모욕스러운 단어였다: *Anthologia Latina* 801,2M =
    Scriptores Historiae Augustae 15 (Iulius Capitolinus, Macrinus) 11,6.

사람들은 이 형벌 방식의 특별한 **잔인함**에 대하여 매우 잘 알고 있다―키케로는 한 곳에서(*In Verrem* II,5,162) 이를 간결하게 "재앙"〔*istam pestem*〕이라고 불렀다.[10] 하지만 원칙적인 차원에서 십자가형의 사용을 반대하는 실천적인 사례는 거의 나타나지 않는다. 키케로는 **로마시민을 십자가로 처형하는 것**에 대하여 두 차례―한 번은 원고 측을 위하여, 또 한 번은 피고 측을 위하여―항거했지만 이는 지극히 특수한 경우였다. 키케로는 다른 무엇보다도 베레스가 로마시민 가비우스를 십자가로 처

---

10. Apuleius, *Metamorphoses* 1,15,4: "나를 잔인하게 십자가에 유지시켰다"〔*sed saevitia cruci me reservasse*〕; 참조, Seneca, *Epistulae morales* 14,5: "다른 모든 발명품들이 잔인하게 고안되었다"〔*et quicquid aliud praeter haec commenta saeuitia est*〕. *Scriptores Historiae Augustae* 6 (Vulcacius Gallicanus, Avidius Cassius) 4,1f.: "엄격하다기보다도 야만적인 많은 암시들이 있다. 첫 번째 장소에서 … 그는 군사들이 범죄를 저지른 그 장소에서 그들을 십자가에 못박았다." 〔*multa extant crudelitatis potius quam severitatis eius indicia, nam primum milites … in illis ipsis locis, in quibus peccaverant, in crucem sustulit*〕. 참조, *Scriptores Historiae Augustae* 12 (Iulius Capitolinus, Clodius Albinus) 11,6; 19 (Iulius Capitolinus, Maximini) 8.5ff.: "아주 잔인하게 그는 사람들을 십자가에 매달았다"〔*tam crudelis fuit … alios in crucem sublatos*〕; Cicero, *Philippicae* 13,21: "가장 극악무도한 대적은 모든 선한 사람들을 십자가형과 고문으로 위협하고 있다"〔*hostis taeterrimus omnibus bonis cruces ac tormenta minitatur*〕. Justin, *Epitome* 22,7,8에서, 보드멜카르트의 십자가는 카르타고인들의 "잔악함"을 보여준다; Diodorus Siculus 26,23,1: 카르타고인들에 의해 누미디아족 구성원들이 당했던 십자가형은 "폭력적인 것"〔ὠμότης〕으로 묘사된다.

형한 것에 대해 비난했지만, 동시에 베레스가 모반을 결탁한 혐의가 있는 수많은 노예들을 십자가에 못박지 **않고** 그들의 주인들에게 돌려보낸 것에 대해 힐난했다.[11] 또한 스토아학파 세네카는 모든 고난들 중 가장 고통스러운 것으로서 공포의 십자가 처형과 몇몇 고문들을 격렬하게 이야기하면서도, 범죄자들이 이러한 방식으로 처형되는 것을 마땅하게 여기기도 하였다.[12] 〔여기에서 우리는 고대 세계의 식자들에게 있어서도 현대 사회의 넓은 영역에서 사형제도의 사용과 관련하여 우리가 당면한 것과 유사한 분열증적인 말〔schizophrenia〕을 들을 수 있다.〕

---

11. *In Verrem* II,5,9-13: "그들이 이미 전통에 묘사된 방식으로 사형에 처하도록 넘겨졌을 때, 네가 감히 그들을 죽음의 문턱에서 구하였는가? 유죄 선고받은 노예들을 위하여 네가 세운 교수대에 죄 없는 로마 시민권자가 달려야 한다는 의도로 말이다"〔*hos ad supplicium iam more maiorum traditos ex media morte eripere ac liberare ausus es, ut, quam damnatis crucem servis fixerasy hanc indemnatis videlicet civibus Romanis reservares?*〕. (이 인용구는 12에 있음).

12. Seneca, *Dialogue* 5 (*De ira* 3) 3.6; 참조, *De dementia* 1,23: "'효심이 가장 바닥인 자들이 받는 쿨레우스 형벌은 십자가형보다도 더욱 빈번했다'〔*pessimo loco pietas*(여기에서는 부모에 대한 사랑) *fuit postquam saepius culleos*(부모살해자에 대한 고대의 처벌) *quam cruces*〕. 국가가 칭송을 받을 수 있더라도, 사람들은 좀처럼 처벌받지 않는다〔*in qua ... raro homines puniuntur*〕: 잔인한 형벌을 완전히 포기할 수는 없다. 본서 제8장을 보라.

로마 세계에서 십자가 처형이 혐오스럽고 넌더리나는 일이라는 것에는 대부분이 동의했다. 그렇기에 이 사건에 관한 언급들을 비문들 안에서 찾아보기 어려운 것이다. 내가 라틴어로 된 비문에서 발견한 유일한 증거는 "십자가에 못박히기를!" 〔*in cruce figarus = figaris*〕이라는[13] 경건한 소망뿐이다. 여기에서 내가 말할 수 있는 것은, "크룩스"〔*crux*: '십자가'〕 내지는 "파티불룸"〔*patibulum*: '교수대'〕이라는 단어가 카이사르에게서는 전혀 나타나지 않는다는 것이다. 이는 카이사르가 십자가형을 처벌 방식으로 사용하지 않았기 때문이 아니라(예컨대, 그는 스페인에서 첩자의 혐의가 있는 세 명의 노예를 즉석에서 십자가에 걸었던 적이 있다; *De Bello Hispaniensi* 20,5; 참조, *De Bello Gallico* 7,40), 그러한 종류의 것들에 대하여 쓰고 싶지 않았기 때문이다. 루크레티우스, 베르길리우스,[14] 스타티우스, 소-플리니우스(비티니아의 통치자로서 범법자들을 십자가에서 정죄하였음이 분명하다)나 아울루스 겔리우스의 경우에도 마찬가지였을 것이다. 십자가 처형에 관한 호라티우스의 언급은 오직

---

13. 폼페이에서 발견된 CIL IV, 2082 (Strada di Olconio). 라틴어 비문 정보에 대해서는 본서 가장 뒤에 수록된 "추기"와 로마제국의 야외 벽화에 대해서는 본서 제3장의 자료들을 보라.

14. 〔내가 베르길리우스에게서 발견한 유일한 증거는 프리아페우스적 〔priapean〕 시 *Catalepton* 2a.18 뿐이다. 여기에서 도둑들은 십자가와 곤봉을 두려워한다(본서 제9장 각주 2번을 보라).〕

『풍자시』〔*Satiren*〕와『서한집』〔*Epistulae*〕에만 나타나며, 타키투스 역시 십자가 처형에 관하여 이야기하기를 삼가면서,『연대기』〔*Annals*〕에서 게르만족이나 브리튼족이 로마인들에게 행했던 극악무도한 일로서만 십자가를 최소한도로 언급할 뿐이었다. 발레리우스 막시무스나 대-세네카나 소-세네카는 더욱 그러했고, 페트로니우스와 아풀레이우스와 같은 소설가들은 그보다는 덜 주저했다. 이러한 상황은 헬라 작가들에게 있어서도 마찬가지였다(본서 제10장을 보라).〔하지만 고대에 십자가 처형에 관한 언급이 상대적으로 드물게, 그리고 우연히 나타난다는 사실은 역사적인 문제라기보다는, 문학사회학〔sociology of literature〕과 관련된 미학적인 문제임을 의미한다. 말하자면, 십자가 처형은, 어떤 때보다도 로마시대에는, 광범위하고 빈번하게 시행되었지만, 고상한 문학 세계에서는 이를 다루고자 하지 않았으며 통상적으로 침묵을 지켰다.〕

제6장
십자가형과 로마시민

일반적으로 십자가 처형이 **로마시민들**에게 적용되었을 가
능성은 없으며 노예와 이방인들에게 한정되었다고 간주된다.
이는 부분적으로만 옳다. 원시 고대 로마 세계에서는 중범죄나
대역죄(*perduellio*)를 범한 경우에 로마인들 역시도 "비운의 나
무"(*arbor infelix*)에 매달았기 때문이다. 이는 지하세계의 신들에
게 범죄자를 제물로 바치는 하나의 방식이었을 것이다. 로물루
스의 옛 로마법에 따르면, 반역자는 "지하세계의 제우스를 위
한 희생제물로서"(ὡς θῦμα τοῦ καταχθονίου Διός, Dionysius of Halicarnas-
sus)(*Antiquitates Romanae* 2,10,3) 죽었다. 주후 2-3세기로부터
이 제물로서의 형벌은 십자가형으로 분명하게 드러나기 시작
했다.[1] 하지만 이는, 아주 적은 예외를 제외하고는, 거의 시행

---

1.   참조, 이미 Th. Mommsen, *Römisches Strafrecht*, 919에 언급되어 있
      다. 비록 처형의 여러 가지 형태들을 거의 구분하고 있지 않기는 하

되지 않았다. 대-스키피오는 제2차 포에니전쟁 말엽에 로마시
민이었던 탈주병들을 카르타고인들로부터 넘겨받았을 때에,
대역죄가 로마시민들의 안전을 위협하는 요소가 된다는 이유
로 그들을 십자가에서 처형했다.[2] 베레스는 이탈리아 지방에서
노예 반란을 일으켰던 스파르타쿠스의 첩자, 가비우스—위에

지만 말이다. K. Latte, Art. Todesstrafe, 1614에서는 키케로에 의한
"비운의 나무"(*arbor infelix*) 집행과정을 십자가형으로 해석하지 않
는다. Ovid, *Amores* 1,12와 Seneca, *Epistulae morales* 10,1 (*infelix
lignum = crux*)와 Minucius Felix, *Octavius* 24,7 (*infelix stipes = crux*)
에서도 "비운의 나무"(*arbor infelix*)에 대한 암시들이 나타난다. 또
한 C. D. Peddinghaus, *Entstehung*, 21 und Anm. 139과 C. Brecht,
perduellio, PRE XIX 1, 624f를 보라. Servius, *Scholion in Georgica*
1,501 (Thilo/Hagen III, 215)에서는 로마 신들의 비밀스러운 이름을
누설하여 십자가형을 받은 이야기가 나타난다. 아마 십이표법에 나
타나는 "케레스를 내건 것"(*suspensumque Cereri necari iubebant*)(Plinius
d. Ä, *Historia Naturalis* 18,3,12)에 관한 것도 "비운의 나무에 매다는
것"(*arbori infelici suspendere*)과 관련이 있을 것이다. Th. Mommsen, a. a.
O. 631f. Anm. 8에 나타난 십자가형을 보라. 마찬가지로 P. Garnsey,
Social Status, 128, Anm, 10와 L. Gernet, *Anthropologie*, 292를 보라;
K. Latte, a. a. O., 1614는 다르다.

2. Livius 30,43,13; 참조, Valerius Maximus 2,7,12(본서 제4장을 보라).
    〔전쟁 때에는 군사규율을 유지하는 데에 잔인성이 뒤따랐다. 일례
    로 반항하는 두 장교에 대한 플레미니우스의 행동을 들 수 있다(주
    전 204년). Diodorus Siculus 27,4,4와 Livius 29,9,10; 29,18,14: "그는
    그들을 매질한 후에, 노예에게 시행되던 온갖 고문들을 가하고(본
    서 제8장 각주 1번), 그들의 시체를 매장하기를 금하였다."(*uerberatos
    seruilibus omnibus suppliciis cruciando occidit, mortuos deinde prohibuit sepeliri*).〕

서 이미 언급되었던—를 메시나에서 그의 모국을 바라보게 하며 십자가에 처형하였다.[3] 이러한 합법적인 십자가형 관습은 로마제국 후기까지 지속되었다. 법률가 율리우스 파울루스는 투항병들(*transfugae ad hostes*)과 기밀을 누설한 자들(48,19,38,1)에 대한 처벌로서 십자가형(*furca* = 형틀)(이는 콘스탄틴 이전에 십자가를 가리키는 단어였다) 내지는 화형에 처하였고, 약간 더 후대의 인물인 모데티누스는 이러한 사람들을 고문하고 "맹수형"(*bestiae*)이나 십자가형으로 다스렸다(49,16,3,10).[4] 로마의 행정관 게시우스 플로루스는 주후 66년 유대 전쟁이 발발하기 직전의 중대했던 주간에 "로마의 기사계급"(ἄνδρας ἱππικοῦ τάγματος)이었던 유대인들을 예루살렘에서 매질하고 십자가에 매달아, 베레스와 유사하게 대역죄를 처벌했다(Josephus, *BJ* 2.308). 법을 연구했던 갈바는 스페인의 총독으로 부임하던 때에 유산 때문에 피후견인을 독살하였던 후견인에게 십자가형을 내렸다. 이때 형을 선고받은 후견인은 자신이 로마의 시민이라는 것에 항변하였는데, 갈바는 그를 특별히 하얗게 칠

---

3.   Cicero, *In Verrem* 2,5,158ff., 161: "첩보활동을 위해 방랑자들이 지도부에 의해 파견되었다"(*eum speculandi causa in Siciliam a ducibus fugitivorum esse missum*).

4.   참조, Alberet Muller, *Strafjustiz im Römischen Heere*, Neue Jahrbücher für das klassische Altertum 17 (1906, 554f).

한 십자가에 높이 매달았다(Suetonius, *Galba* 9,2).[5] 물론, 수에 토니우스는 갈바가 "범죄자를 처벌함에 있어서 과도한 형벌" 〔*in coercendis delictis ... immodicus*〕을 주었다고 결론지었다. 또한 『아 우구스투스 시대의 역사』〔*Historia Augusta*〕—역사적인 측면에서 믿을 수 없는 작품이기는 하지만—에는 여러 황제들이 군대에 서 군령을 유지하기 위하여 십자가형을 사용하였다는 기록이 나타난다. 그렇지만 십자가를 "노예의 형벌"〔*servile supplicium*〕 (본서 제8장)을 위하여 사용한 것은 특히 잔인한 행위로서 비 난을 받았다. 갈리에누스의 자리를 찬탈한 후 단 7일밖에 통치

---

5. 경멸의 행위로서 십자가를 높게 들었던 것에 대해서는, 에 5:14; Artemidor, *Oneirocriticon*, 본서 제10장 각주 24번을 보라. Pseudo-Manetho, *Apotelesmatica* 1,148; 5,219; *Anthologia Graeca* 11.192 (Beckby III, 640), von Lukillios; Justin, *Epitome* 18,7,15: 말쿠스는 그의 아들 카탈루스가 카르타고에서 "그의 장구들을 가지고 온 주 민이 볼 수 있는 매우 높은 십자가에 매달리도록 명령했다"〔*cum ornatu suo in altissimam crucem in conspectu urbis suffigi*〕; 22,7,9: Bomilcar, "de summa cruce"; Sallust, *Historiae* fr. 3,9 (Maurenbrecher II, 113): (해적들에게 있어서) "가장 악명 높았던 것은 매질하여 돛대에 매 달아 놓거나 처음에 고문을 가하지 않고 교수대에 달아놓는 것이 었다"〔*In quis notissimus quisque aut malo dependens verberabatur aut immutilato corpore improbe patibulo eminens affigebatur*〕. 이때 처형될 자가 오랫동안 고통 받도록 〔목을〕 자르지는 않았다. 사본에는 *improbi*라는 단어가 나타나는데, *Kritzius* (Sallust, Opera III, 1853, 344f)에서는 이 단어를 Plutarch, *Pompey* 24를 언급하면서 G. Corte가 사용한 *improbo*에 비 추어 읽는다.

하지 못했다고 회자되는 켈수스가 죽은 후에는 개들이 그의
시체를 먹어치우는 동안, "그의 초상"〔in imagine〕은 사람들의 환
호아래 십자가에 달렸다.〔형틀 위에 있는 켈수스의 시체가 공
개적으로 전시되었을 때 사람들의 조롱과 모욕을 샀다.⁶〕

대역죄인을 "비운의 나무"〔arbor infelix〕에 달아 처형했던 옛
관습에 의거하여, 어떤 로마의 귀족이자 원로원 구성원에게도
그러한 형태의 사형을 선고한 고전적인 판례가 한 차례 나타
난다. 이는 바로 주전 63년, 카이사르에 의해 마련된 가이우스
라비리우스에 대한 재판이다.〔카이사르의 헌신된 조력자였
던〕 호민관 티투스 라비에누스는 라비리우스를 기소하였고,
키케로는 그를 훌륭하게 변호했다. 이 피고는 37년 전에 있었

---

6. *Scriptores Historiae Augustae* 24 (Trebellius Pollio, *Tyranni triginta*
    29,4): "마치 군중들이 형틀에 못박힌 켈수스를 본 듯이 날뛰더라
    도, 그의 형상은 십자가 위에 있다"〔*imago in crucem sublata persultante*
    vulgo, quasi patibulo ipse Celsus videretur adfixus〕. 이 공포스러운 이야기
    는 창작되었을 수도 있지만, 역사적 실례가 된다. E. Hohl, PRE 2.
    R. VII/1, 130. *Scriptores Historiae Augustae* 19 (Iulius Capitolinus,
    Maximini 16.6)에서 원로원은 다음과 같은 의견에 환호했다. "원
    로원의 적을 십자가에 달게 하라 ⋯ 원로원의 적을 산 채로 태우
    게 하라"〔*inimicus senatus in crucem tollatur ... inimici senatus vivi exurantur*〕.〔
    Herodian 3,8,1과 Dio Cassius (Xiphilin, *Epitome*) 75,7,3에 따르면,
    셉티무스 세베루스는 로마에서 그의 대적자 알비누스의 머리에 공
    개적으로 못을 박았다〔τὴν δὲ κεφαλὴν ἐς τὴν Ῥώμην πέμψας ἀνεσταύρωσεν〕.
    참조, 본서 제8장을 보라.

던 호민관 살해 혐의를 받았다. 키케로가 평민회에 탄원하면서 십자가 처형의 위험은 피할 수 있었다. 라비리우스가 받게 될 처벌은 단지 재산 몰수와 추방뿐이었다. 그럼에도 불구하고 키케로는 첫 번째 변호 발언(*Pro Rabirio* 9-17)에서 섬세한 수사학으로 라비리우스가 당할 뻔했던 십자가 형벌에 대하여 재차 묘사했다. 이로써 키케로는 라비에누스로 하여금 야만적인 관습과 전제정치의 폭정을 되살리는 것은 "대중의 벗"이 아닌 완전히 대중의 적이 되겠다는 뜻임을 보여주려 했던 것이다. H.-W. 쿤은 십자가 신학에 관한 자신의 최근 연구에서 결정적이면서도 자주 인용되고 있는 이 연설문의 문장을 잘못 해석하면서 그릇된 결론을 도출했기에,[7] 나는 그 문제를 보다 상세히 다루어야 할 필요를 느낀다. 따라서 여기에서 문제의 문장이 포함된 단락 전체를 인용하고자 한다.

공개재판으로 명예가 실추되는 것이 얼마나 통탄할 만한 일이며, 벌금을 무는 일은 얼마나 가슴 아픈 일이며, 추방을 당하는 것은 얼마나 비통한 일인가? 그렇지만 우리는 어떤 재난 가운

---

7.   H.-W. Kuhn, Jesus als Gekreuzigter, 8: "(비록 축약된 형태라 하더라도) 신학자들이 좋아하는 키케로의 이 발화는 당시 통상 알려진 십자가에 대한 이해에 적합하지 않다." 쿤은 키케로의 연설문을, 잘못 해석했다고 말하지 않으려고, 상당히 "축약"했고 고대 자료들로 자신의 결론을 확인하지도 않았다.

데서도 어느 정도 자유를 누릴 수 있다. 비록 우리가 죽음의 위
협 앞에 있다 하더라도, 우리는 자유로운 인간으로 죽을 수 있
다. 하지만 〔십자가〕 처형 집행관과 더불어 머리에 천을 두르는 것, 그
리고 '십자가'라는 바로 그 단어는 로마시민의 몸에서 뿐 아니라 로
마시민의 사고 및 눈과 귀로부터 완전히 제거되어야 한다. 실제로
이러한 일들이 발생한다거나 이를 목도하는 것뿐 아니라 이러
한 일들에 대한 책임과 기대, 더욱이 그러한 일들에 대한 언급
이 로마시민과 자유로운 인간에게는 일말의 가치가 없기 때문
이다. (*Misera est ignominia iudiciorum publicorum, misera multa-
tio bonorum, miserum exilium; sed tamen in omni calamitate reti-
netur aliquod vestigium libertatis. Mors denique si proponitur, in
liberatate moriamur, carnifex vero et obductio capitis et nomen ip-
sum crucis absit non modo a corpore civium Romanorum sed etiam
a cogitatione, oculis, auribus. Harum enim omnium rerum non
solum eventus atque perpessio sed etiam condicio, exspectatio,
mentio ipsa denique indigna cive Romano atque homine libero est.*)
(제16장).

베레스에 반박하는 제2차 연설에서는 로마시민의 십자가
처형에 관한 언급이 결론으로 향하는 수사학적 절정의 위치에
놓였는데, 이처럼 〔라비에누스에 반박하는〕 첫 번째 변호의 핵심

부분도 위의 문장들로 최고조에 이르게 된다.[8] 라비리우스에
대한 공개적인 소송은, 재산 몰수와 추방은 말할 것도 없이, 악
한 것이었다. 그렇지만 로마시민의 경우에는 사형을 당할 때에
도 자신이 어떻게 죽을지 선택할 수 있는 여분의 자유가 있었
다. 이러한 방식은 분명히 "가장 거만하고 잔혹한 왕 타르퀴니
우스"(*Tarquini, superbissimi atque crudelissimi regis*)와 어울리는 바, 곧
"비운의 나무에 달았던"(*arbori infelici suspendere*) 고대의 야만적인
형벌과는 완전히 달랐다.[9] 타르퀴니우스는 "저 고문실의 노래
들"(*ista ... cruciatus carmina*)을 고안해 내었는데, "대중들의 벗" 라

---

8. 키케로의 연설 및 재판과정에 대해서는, M. Fuhrmann, *Marcus
    Tullius Cicero, Sämtliche Reden*, Bd. II, Zürich/München, 1970, 197ff
    의 독일어판 서문과 J. van Ooteghem, Pour une lecture candide du
    Pro C. Rabirio, *Études classiques* 32 (1964), 234-46; C. Brecht, Art.
    perduellio (Anm. 79), 634f; K.Buchner, Art. M. Tullius Cicero, PRE 2.
    R. VII/1, 870ff. 그 재판은 키케로가 카틸리나와 싸우기 직전에 집
    정관과 카탈리나 공모자들에 대하여 열렸다. 로마에서의 그 상황은
    매우 긴장감 넘쳤다.

9. Plinius d. Ä., *Historia Naturalis* 36,107: (프리스쿠스가 아니라) 타
    르퀴니우스 수페르부스는 자살한 모든 자들을 십자가에 걸게 했
    다: "그러한 방식으로 죽은 사람들의 시체를 모두 십자가에 매달아
    주민들이 볼 수 있게 했고 들짐승들과 맹수들이 찢게 했다"(*omnium
    ita defunctorum corpora figeret cruci spectanda civibus simul et feris volucribusque
    laceranda*). 비록 이것이 시체에 행한 일이라 하더라도, 십자가 처
    형의 수치스러움은 여기에서 분명하게 드러난다. 참조, 11. 또한
    Livius 1,49; Lydus, *De mensibus* 29 (Wunsch, 87)를 보라.

비에누스가 이를 다시 들춰낸 적이 있다(제13장). 가장 중요한
절정에서 키케로는 고대의 사형 방식을 언급하고 있는 이 노
래를 인용한다.

> 릭토르〔고대 로마의 하급 관리—역주〕는 가서 그의 손을 묶고, 머리에
> 수건을 씌우고, 비운의 나무에 그를 달았도다. (*I, lictor, conliga*
> *manus, caput obnubito arbori infelici suspendito.*)[10]

그 연설의 절정에서 인용된 세 가지 용어들은, 쿤이 생각하

---

10. 호라티우스의 재판에 대한 더 자세한 내용은 Livius 1,26,6f를 보
라; 참조, 11. 리뷔우스에 따르면 고대 표현은 다음과 같다. "두움비
르들〔일종의 지방행정관—역주〕은 그에게 반역죄를 선언할 것이다. 그
가 탄원한다면, 그 호소는 수용될 수 있다. 만일 그들이 이긴다면,
릭토르는 그의 머리에 수건을 씌우고, 그를 줄로 묶어 비운의 나무
에 맬 것이다. 성벽 안팎에서 그를 고통스럽게 할 것이다"〔*duumviri*
perduellionem iudicent; si a duumviris provocarit, provocatione certato; si vincent,
caput obnubito; infelici arbori reste suspendito; verberato vel intra pomerium vel
extra pomerium〕. 이 과정은 두움비르들 중 한 사람의 명령에 의해 소
개되었다: *Publi Horati, tibi perduellionem iudico ... i, lictor, colliga*
manus. 리뷔우스는 "십자가"에 대하여 언급하지 않는다(10, *eum*
sub furca vinctum inter verbera et cruciatus videre potestis?). 하지
만 이 형벌이 주는 공포감에 대해서는 잘 알고 있었다(11, *a tanta*
foeditate supplicii). 즉, 십자가 처형의 희생자는 죽기에 이르기까지
채찍을 맞게 된다는 것을 말이다; M. Fuhrmann, Art. verbera, PRE
Suppl. IX, (1589-1597) 1591.

듯이, "그중에"〔*inter alia*〕 십자가형과 "쓸데없이 머리에 수건을 씌운 것"을 포함하는 어떤 경멸스러운 세 가지 형태의 처형 방식이 나열되고 있는 것이 아니라,[11] "비운의 나무에 매다는"〔*arbori infelici suspendere*〕 끔찍한 과정, 말하자면 당시의 법적인 절차에 따른 십자가형 집행 과정을 표현하고 있는 것이다. 즉, 처형 집행자는 범죄자의 손을 묶고, 머리를 수건으로 씌운 후에, 십자가에 달았던 것이다. 키케로는 여기에서 "머리를 천으로 씌우는 것"〔*carnifex, obductio capitis*〕과 실제로 십자가에서 처형하는 것을 한 번 더 구분 지으면서, 후자의 바로 "그 이름"〔*nomen ipsum*〕이 로마시민들에게는 견딜 수 없는 것임을 말한다. 쿤에 의해 선택된 번역, "십자가라는 바로 그 단어"라는[12] 어구는 이 강조점을 분명하게 보여준다. 하지만 우리가 여기에서 가지고 있는 것이 단지 "평민 무리의 견해와는 거리가 멀고, 로마시민들의 견해와는 더더욱 거리가 먼 기사계급의 한 남자가 가진 심미적인 판단"이라는 쿤의 의견은 실제 역사를 완전히 무시하고 있는 것이다. 키케로는 원로원이 아닌 "평민회"〔*consilium plebis*〕 앞에서 연설하고 있으며,[13] 라비리우스를 위한 키케로의 모든 변

---

11. H.-W. Kuhn, Jesus als Gekreuzigter, 8.

12. A. a. O., 참조, M. Fuhrmann, Cicero. *Sämtliche Reden*, Bd. 11 (Anm. 86), 209에 나타난 아주 유사한 번역을 보라: "십자가"〔Kreuz〕라고 직접적으로 지칭했다.

13. K. Bochner, Art. M. Tullius Cicero (Anm. 86), 871; 이는 "퀴리테스"

호는 전적으로 평민들의 반응을 염두에 두고 구상된 것이다. 이 변
호로 라비리우스는 석방되었다. 위에서 인용된 문구에 바로 뒤
따라 나오는 구절은 키케로가 일반인들의 두려움을 기술적으
로 이용하였다는 것을 보여준다. 곧, 로마의 노예들마저도 "해
방"〔manumissio〕되면서 집정관의 지팡이를 만지는 것을 통해
"이 모든 고문들의 두려움으로부터" 자유롭게 되었다는 것이
다. 여기에 더더구나 논법〔a minori ad maius〕이 따라 나온다. "하
물며 〔역사의〕 행동들도, 나이도, 여러분〔시민권자〕의 명예 그 어
떤 것도 한 사람을 채찍질로부터, 형 집행관의 매다는 행위
〔Haken〕로부터, '한 마디로 말해 십자가의 공포로부터'〔a crucis
denique terroe〕 보호할 수 없단 말입니까?"[14] 이와 같이 키케로의
연설문 『라비리우스의 편에서』〔Pro Rabirio〕는—베레스에 대한
두 번째 반박 연설에서와 같이—십자가 처형 앞에서 느껴지는 공
포와 혐오를 증거 하는 고대의 중요한 자료로 간주되어야 한다. 자
주 오용되어 왔던 고린도전서 1:26, "능력 있는 자가 많지 아니
하며, 문벌 좋은 자가 많지 아니하다"라는 진술이 어떤 경우에
도 반대 논거로 제시될 수 없다. 〔비록 자유자들에 의해 건설
된 로마 식민지인 고린도의 그리스도인들이 대부분 단순한 거

〔Quirites〕라는 호칭으로 입증될 수 있다.
14. *Pro Rabirio* 16; 〔참조, Livius 22,13,9: *et ad reliquorum terrorem in cruce sublato.*〕

주민들이라 하더라도(하지만 롬 16:23을 참조하라: "이 성의 재무관 에라스도") 내란 당시 로마 도시들에 거주했던 단순한 거주민들—자유자와 노예들—과 마찬가지로 십자가형을 공포스러운 형벌로 생각했음에 틀림이 없다.〕

제7장
반란을 일으킨 이방인들과, 폭력범들, 강도들에 대한 형벌로서의 십자가 처형

십자가형은 로마에 있어서와 마찬가지로 이미 페르시아인과 어느 정도는 그리스인, 무엇보다도 카르타고인들 중 **중대한 국가 사범 및 대역죄인들**을 위한 형벌이었다. 말하자면 십자가형은 **종교적-정치적인** 형벌이었다. 특히 정치적인 측면에 무게감이 있었지만, 고대 세계에서 이 두 영역은 분리될 수 없었다. 로마인들에게 있어서 카르타고인들이 (로마인들 자신과는 달리) 특별히 전투에서 패배했거나 지나치게 제멋대로인 야전 사령관이나 함대 사령관들까지도 십자가에 처형했다는 것은 놀라운 일이었다.[1] 더 나아가 로마인들은 전쟁을 수행하고 평

---

1. Polybios 1,11,5; 1,24,6; 1,74,9 u. ö.; Livius 38,48,12: "장군들이 십자가에 달렸다고 전해지는 곳"〔*ubi in crucem tolli imperatores dicuntur*〕; 참조,

화를 지키는 수단이자 반역한 도시들을 포위하였을 때에 이들을 약화시키는 수단으로, 정복당한 백성들을 굴종시키는 수단으로서 십자가형을 사용하기도 했고,[2] 반란군이나 소란스러운 지방을 통제하기 위한 수단으로 사용하기도 했다. 카르타고인들과는 달리 로마인들은 통상 시민권 가진 자로서의 고상함을 소중히 생각하고 있었지만, 어떤 측면에 있어서 그들의 관습은 카르타고인들과 다를 바가 없었다. 이에 우리는 로마에 내란이 있었을 때에 십자가형이 실제로 이따금씩이라도 사용되지 않았는지에 대해 알아보고자 한다.[3] 요세푸스는 유대 지역

---

2. Valerius Maximus 2,7, ext. 1; Justin, *Epitome.* 18,7,15: Livius 28,37,2. 도시를 정복하고 포위하는 데에 있어서 사용된 십자가형에 대해서는, 본서 제4장 각주 1번을 보라. 바벨론; 본서 제10장: 퀴레나이카의 바르카; 본서 제10장: (알렉산드로스에 의해 점령된) 두로; 본서 제4장 각주 17번을 보라: (티투스와 바루스에 의해 점령된) 예루살렘. 마카이루스의 성은 포로들을 십자가에 처형한다는 위협으로 항복을 강요받았다(본서 제1장).

3. 마르쿠스 안토니우스에 대항하는 Cicero, *Philippicae* 13,21를 보라: "가장 잔학한 적이 모든 선한 사람들을 십자가와 고문으로 위협하고 있다"(*hostis taeterrimus omnibus bonis cruces ac tormenta minitatur*); Lukan, *De Bello Civili* 7,303f. 파르살루스 앞에서 카이사르의 연설:

오늘 우리 앞에는 전쟁의 상급이나 형벌이 놓여있다.
카이사르의 십자가와 사슬을 보아라.
머리는 단 위에 있고 사지는 흩어져있다.
(*Aut merces hodie bellorum aut poena parata.*

에서 반항적인 지역을 "진압"하기 위하여 십자가형이 과도하게 사용되었다는 것에 대한 풍부한 예들을 제공하고 있는데 (본서 제4장 각주 17번), 저와 유사한 사건들은 다른 소란스러운 지역에서도 역시 발생했을 가능성이 있다. 고대 역사가들이 '하찮은 사건들'에는 침묵하는 경향이 있긴 하지만 말이다.[4] 스트라본(3,4,18 = C 165)은 스페인 북쪽에 거주하는 거칠고도 자유를 사랑하는 칸타브리아인들이 자신들이 십자가에 못박혀 있을 때에도 승리의 노래를 부르기를 계속했다는 이야기를

Caesareas spectate cruces, spectate catenas.
Et caput hoc positum rostris effusaque membra.)

또한 Dio Cassius 30-35, fr. 109,4를 보라: 내전에서 반대자들의 시체의 말뚝형에 대해서는, Valerius Maximus 9,2,3과 Appian, *Bella Civilia* 4,20를 보라. 참조, A. W. Lintott, *Violence*, 35ff.

4.　Seneca, *Dialogue* 4 (*De ira* 2) 5,5에서는, 소아시아 지방의 총독 볼레수스(주후 11/12년)가 하루에 300명의 사람을 도끼로 처형하도록 시켰다는 사실과 자신의 주권을 완전히 인지하고서 (그리스어로) "*O rem regiam*"이라고 외친 사실을 예로 들고 있다. 우리가 볼레수스에 대하여 알 수 있는 유일한 사실은, 나중에 그가 잔인하다는 이유로 원로원의 재판에 회부되었다는 것이다. 우리는 이 사건에 대해 본의 아니게 세네카로부터만 듣고 있다. 요세푸스의 기록 없이 우리가 팔레스타인의 십자가형에 대하여 무엇을 알 수 있겠는가? Tacitus, *Histories* 5,8-13에서는 십자가형에 대하여 아무것도 이야기하지 않는다. 오늘날 독재자들에 대한 "편파적인" 역사서술에 있어서 그러하듯, 당시에도 그러한 극악무도함에 대해서는 침묵하는 경향이 있었다.

전하고 있다.[5] 로마법에 의하면 반란의 주체들은 "대적자"
〔hostes〕가 아니라 일반적인 "강도"〔latrones〕(또는, 요세푸스는 예
루살렘의 함락 이후에 등장한 유대의 반역자들을 "레스타이"
〔λησταί〕라고 부르는 경향이 있었다)였다. 이들에게는 "사나운
맹수"〔bestiis obici〕에게 던져지는 형벌이나 십자가 처형이 행사
되었다.[6] 우리는 이에 관한 증거들을 역사가들이나 연설가들
보다는 소설—당시 사람들은 지금과 마찬가지로 "범죄와 성관
계와 종교"에 대해 이야기하며 살았다—이나 통속적인 우화,

---

5.   참조, Josephus, *BJ* 3,321: 요타파타 앞에서 십자가에 처형된 한 유
      대인은 십자가에서 죽을 때에 자신을 고문한 자들을 비웃었다.
      2,153: 에세네파; 7,418: 이집트에서 시카리파; Seneca, *Dialogue*
      7 (De vita beata) 19,3: "그들 중 일부는 십자가에서 구경꾼들에게
      침을 뱉지 않았다"〔*... nisi quidam ex patibulo suos spectatores conspuerent*〕;
      Silius Italicus, *Punica* 1,179ff에는 주인과 함께 십자가에 달리기 원
      했던 한 스페인 노예에 관한 기사가 나타난다: "그는 여전히 주인이
      었고, 그 고통을 조롱했다. 채찍질하는 고문자를 구경꾼인양 비난
      하고, 자신의 주인과 같이 십자가에 처형되기를 큰 소리로 요구했
      다"〔*superat ridetque dolores, spectanti similis, fessosque labore ministros increpitat*
      dominique crucem clamore reposcit〕.

6.   M. Hengel, *Die Zeloten*, 31ff; 참조, R. MacMullen, *Enemies of*
      the Roman Order, Cambridge, Mass. 1966, 192ff., 255ff., 350ff.
      Dio Cassius 62,11.3f에 따르면 파울리누스는 영국의 통치자
      보우디카와의 전투 이전에, 로마인들이 그들과 동일한 대적이 아닌
      노예들과 싸우는 것이라고 말했다. 로마인들은 시리아인들이나
      유대인들에 대해서도 비슷하게 생각했다. M. Hengel, *Juden, Griechen*
      und Barbaren, (SBS 76), Stuttgart 1976, 78f.

〔점성술 자료들〕, 로마 후기의 법률 자료들에서 발견하기 용이하다. 페트로니우스의 『사튀리콘』〔Satyricon〕에 삽입된 에베소의 과부에 관한 **소설** 가장 중요한 부분에서, 강도의 무리들이 십자가에서 처형되는 장면이 나타난다—이때 군사들은 친인척들이 강도들의 시체를 훔쳐가지 못하도록 감시한다.

> 그 지방의 통치자가 그 강도들을 십자가에 달으라고 명령하였을 때에 …. (*cum interim imperator provinciae latrones iussit crucibus affigi ....*) (111,5).[7]

아풀레이우스의 『변형담』〔Metamorphoses〕 및 이와 동일한 방식으로 쓰인 그리스 소설들에서는 "강도들의 십자가 처형"이라는 우리가 고마워할 만한 주제를 매우 상세하게 다루고 있다.[8] 다양한 로마 법률가들의 의견에 따르면, "악명 높은 강도

---

7. 참조, Phaedrus, *Fabulae Aesopi*, Appendix Perottina 15 (Guaglianone, 101ff).
8. 아풀레이우스의 소설 전반에 걸쳐 강도 모티프가 나타난다. 십자가 처형 장면은 1,14,2; 1,15,4; 3,17,4; 4,10,4에 나타난다: "고문하는 나무에 심하게 묶어놓았다"(R. 헬름〔Helm〕의 번역). 6,31,2; 6,32,1; 10,12,3; 참조, 8,22,4f. 3,9,1f는 전형적인 것이다: "그리고 오래 지체되지 않았다. 그리스인들의 관습에 따라 불, 바퀴, 및 다른 많은 고문들이 들어왔다. 그때 나의 슬픔은 갑자기 커져 곱절이 되었다. 왜냐하면 나는 전체 구성원들과 함께 죽는 것이 허락되지 않았기

들"〔*famosi latrones*〕은 가능한 한 그들의 범행 현장에서 십자가 처형을 당했다(*Digest* 48,19,28,15).[9] 〔점성술에 관한 문학 작품들과 꿈을 다루고 있는 고대의 전문서적에서, 강도가 십자가에 달려 죽어야하는 것은 너무나도 정당하고 당연한 일이었다.[10]〕 강도들과 반역자들에게 십자가형을 내리는 일은 지방 통치자의 자유재량—평화와 질서를 유지하기 위한 "징계"〔*coercitio*〕의 권리와 "통치권"〔*imperium*〕에 의거하여—에 달려 있었

때문이다. 하지만 한 노파가 말했다. '네가 나의 불쌍한 아이들을 해친 이 강도를 십자가에 달기 전에 …"〔*Nec mora, cum ritu Graeciensi ignis et rota, cum omne flagrorum genus inferuntur. Augetur oppidoy immo duplicatur mihi maestitia, quod integro saltim mori non licuerit. Sed anus illa ...: "Prius," inquit, "optimi cives, quam latronem istum, miserorum pignorum meorum peremptorem cruci adfigatis ..."*〕.

9. 참조, *Collectio legum Mosaicarum et Romanarum* 1,6 (T. Mommsen, *Collectio librorum iuris anteiustiniani* III, 138), and M. Hengel, *Die Zeloten*, 33f. (Anm. 9).

10. Firmicus Maternus, *Mathesis* 8,22,3에서는, 게자리의 일곱 번째 마디에서 태어난 사람들에 대하여 다음과 같이 말한다: "그러나 달과 화성이 동시에 떠오를 때, 강도들은 잔인한 행동을 행한다. 하지만 이들은 십자가에 달리거나 어떤 공공의 처벌로 인해 사라지게 될 것이다"〔*quodsi Lunam et horoscopum Mars radiatione aliqua aspexerit, latrocinantes crudeli feritate grassantur. Sed hi aut in crucem toll- untur, aut publica animadversione peribunt*〕. 참조, *Catalogus Codicum Astrologorum Graecorum* VIII, 1, 1929, 176, Z. 13-17. 위-마네톤에 대해서는 본서 제1장을 보라; 아르테미도로스의 꿈에 대한 논고에 대해서는 본서 제1장과 제10장을 보라.

다.[11] 로마의 지방 행정부에서는 군사-경찰의 권한과 사법적인 권력이 분리되어 있지 않았다. 로마제국의 지방행정관들은 군부대를 움직일 수도 있었다. 그래서 반역자들과 폭력적인 무리들에 대한 형 집행에는 군사적인 특징이 있었다. 물론 "강도들"이나 "해적들"을 희생자들에 대한 복수로서 십자가에 달아 처형하기도 했다.[12] 당시 만연했던 강도떼로 인해 극심한 고통을 당하고 있었던 지방의 주민들은 이와 같은 통치자의 강경한 대응을 환영했다. '팍스 로마나'(*Pax Romana*)라고 불렸던 1세기에는 로마에 평화가 계속되었고, 법은 상대적으로 확고하였으며, 정부도 제대로 기능하였다.[13] 십자가형은 위험하고도 폭

---

11. "노상강도"와 "강도"의 십자가 처형에 대해서는 예를 들어 다음을 보라. *Chariton* 3,4,18; Aesop, *Fabulae* 157, Z. 6f. (Hausrath I, 184); Phaedrus, *Fabulae Aesopi* 3,5,10; 해적들(본서 제10장을 보라): Hyginus, *Fabulae* 194. 요세푸스가 대부분의 예를 제공하고 있다. 본서 제11장과 *Antiquitates* 20,102를 보라. 주후 3세기에 쓰인 알렉산드로스의 소설에 따르면 다리우스는 알렉산드로스에게 편지를 보내어, 보통 우두머리 강도나 "배신자"와 같이 십자가에 처형할 것이라고 위협했다: *Vita Alexandri cod.* L 1,36,5 (van Thiel, 54).

12. Sallust, *Historiae* fr. 3,9 (본서 제6장 각주 5번을 보라); Ps.-Quintilian, *Declamationes* 5,16 (Lehnert, 103); Seneca d. Ä., *Controversiae* 7,4,5; Apuleius, *Metamorphoses* 6.31f; Xenophon, *Ephesiaca* 4,6,2.

13. 알렉산드리아의 선원들이 아우구스투스에게 표한 유명한 경의는 실제적인 배경을 가지고 있다(Suetonius, *Augustus* 98,2): "그들은 그〔아우구스투스〕로 인해 살았고, 그로 인해 항해를 했고, 그로 인해 자

력적인 범죄자들로부터 대중들을 보호하기 위한 수단으로 사용되었기에, 대중들은 십자가에 달린 자들을 경멸스럽게 바라보곤 했다. 저 강도들은 종종 도망친 노예들을 그들의 일원으로 받아들였기에, 이때 그 범죄자들에 대한 혐오는 노예들에게 할당되었던 형벌에 대한 증오와 결합되곤 했다. 반쯤 야만인적이고 별로 평화롭지 않은 지역은 예외였고, 반항하고 소란스러운 유대 지방도 특별하게 달리 취급되었다. 로마 산하 평범한 시민들이나 심지어는 디아스포라 유대인들까지도 "강도들의 위험"〔κίνδυνοι λῃστῶν〕(고후 11:26)과 로마서 13:4에서 언급된 칼을 가진 행정 장관 사이에는 모종의 긍정적인 관계가 있다고 생각했다. 강도들을 십자가에서 처형하여 달아놓는 것은 강도들의 활동을 억제하면서 동시에 강도를 당한 피해자들에게 분명 어느 정도 만족감을 주었을 것이다.

〔십자가 처형의〕 광경은 다른 이들로 하여금 그러한 범죄를 행하는 것을 막게 하였으며 그 죄수에게 죽임을 당한 희생자들의 친인척들을 위로했을 것이다. 이 형은 강도들이 살인을 저지른

유와 번영을 누렸다"〔*per ilium se viverey per ilium navigare, libertate atque fortunis per ilium frui*〕. 이제 지중해는 해적들로부터 자유롭게 되었다. 비슷한 방식으로 아우구스투스는 이탈리아의 노상강도들을 모두 처리하였다: Appian, *Bella Civilia* 5,132.

바로 그 장소에서 집행되었다. (*ut et conspectu deterreantur alii ab isdem facinoribus et solacio sit cognatis et adfinibus interemptorum eodem loco poena reddita, in quo latrones homicidia fecissent.*) (*Digest* 48,19,28,15).

그렇기에 퀸틸리아누스는 범죄자들의 십자가 처형을 좋은 일이라고 칭송한 바 있다. 퀸틸리아누스는 십자가가 가장 분주한 도로 위에 세워져야 한다고 생각했다.[14]

---

14. *Declamationes* 274 (Ritter, 124): "우리가 범죄자들을 십자가에서 처형할 때마다, 가장 붐비는 거리가 선택되었다. 거기에서 대부분의 사람들은 보고 두려움에 떨었다. 즉, 형벌은 보복보다도 본보기와 더 큰 관련이 있었다"(*quotiens noxios crucifigimus celeberrimae eliguntur viae, ubi plurimi intuerif plurimi commoveri hoc metu possint. omnis enim poena non tarn ad (vin)dictam pertinet, quam ad exemplum*). 범죄 현장에서 있었던 십자가 처형에 대해서는, *Chariton* 3,4,18; Justin, *Epitome* 22,7,8; 참조, *Alexander Severus*, 본서 제8장.

제8장
'노예 형벌'

대부분의 로마 작품들에 있어서 십자가 처형은 전형적으로 **노예들을 위한 형벌**로 나타난다. 이러한 특징은, 우리가 알고 있는 바 페르시아인들, 카르타고인들 및 다른 민족들 가운데에 있었던 십자가형과는 구별되는 로마의 고유한 점으로 볼 수 있을 것 같다. 키케로는 베레스에 반박하는 두 번째 연설문에서 십자가형이 노예에 대한 최고의 형벌이자 극한의 형벌이라고 풍부한 수사학으로 묘사하였다(*servitutis extremum summumque supplicium*)(5,169; 참조, 본서 제5장 각주 1번). "노예 형벌"(*servile supplicium*)이라는 단어는 티베리우스와 동시대 인물인 발레리우스 막시무스와 타키투스, 『아우구스투스 시대의 역사』(*Historia Augusta*)의 두 저자〔및 잔혹하게 고문하여 죽음에 이르게 하는 장면을 기록한 리뷔우스)에게서 나타난다.[1] 그렇지만 이 것을 가장 노골적인 용어들로 묘사한 것은 플라우투스였다. 플

---

1.   Valerius Maximus 2,7,12에는 아프리카의 대-스키피오 아프리카 누스가 로마의 투항자들을 십자가에 처형한 사실이 기록되어 있 다: "나는 이 문제를 더 이상 다루지 않을 것이다. 그것은 스키피오 와 관련되어 있기 때문이기도 하고, 로마인의 피가 노예들의 형벌 로써 모욕되어서도 안 되기 때문이다. 당연하기는 하지만 말이다" (non prosequar hoc factum ulterius, et quia Scipionis est et quia Romano sanguini quamuis merito perpesso seruile supplicium insultare non adtinet); Tacitus, Histories 4,11 (본서 제8장을 보라); 참조, 2,72: "보통 노예들에게 부과되었던 형벌을 당했다"(sumptum de eo supplicium in servilem modum); Scriptores Historiae Augustae 15 (Iulius Capitolinus, Macrinus) 12,2: "즉, 그는 군사들을 심지어 십자가에 처형했고, 항상 노예들에게 부 과되었던 형벌을 가했다"(nam et in crucem milites tulit et servilibus suppliciis semper adfecit); Scriptores Historiae Augustae 6 (Vulcacius Gallicanus, Avidius Cassius) 4,6: "그는 그들을 사로잡고 십자가에 처형하였고, 노예의 형벌을 가했다"(... rapt eos iussit et in crucem tolli servilique supplicio adfici, quod exemplum non extabat); [참조, Horaz, Satires 1,8,32: servilibus ... peritura modis. Livius 29,18,14에서는, 주전 204년에 있었던 제 2차 포에니전쟁 동안에 플레미니우스에 의한 사형 방식과 관련한 표현이 나타난다: "그들을 매질한 후에 노예들에게 부과되었던 온 갖 고문들을 가하고, 그들의 시체가 매장되는 것을 금했다"(dein uerberatos seruilibus omnibus suppliciis cruciando occidit, mortuos deinde prohibuit sepeliri). 참조, 29,9,10: "그들이 인간이 견딜 만한 모든 고문으로 짓 이겨지고, 처형당했다. 살아있을 때에 가한 형벌로는 만족하지 못하 고, 그들을 매장하지 못하게 했다"(laceratosque omnibus quae pati corpus ullum potest suppliciis interfecit nec satiatus vivorum poena insepultos proiecit). 여 기에서 형벌의 극도의 잔인함과 수치가 강조되고 있다.] 노예들의

라우투스는 우리가 알고 있는 한 특히 로마의 십자가형에 관한 증거를 최초로 제시하고 있는 극작가이기도 하다(주전 약 250-184년). 동시에 비길 데 없는 방식으로 로마 노예들의 세계를 표현하였던 이 시인은 십자가 처형을 라틴의 어느 작가들보다도 더욱 대담하고 상세하게 묘사하였다.[2] 플라우투스의 『영광스러운 전투』(*Miles Gloriosus*)—주전 205년경에 쓰인 것으로 추정되는—에서 수차례 인용된 스켈레드루스의 고백에는 고대에 빈번하게 사용되었던 그 형벌 제도에 관한 증거들이 나타난다.

> 나는 십자가가 나의 무덤이 될 것을 알고 있다. 그곳은 나의 조상들이 계신 곳이다. 나의 아버지와, 할아버지와, 증조할아버지와 고조할아버지가 거기에 계신다. (*scio crucem futuram mihi sepulcrum; ibi mei maiores sunt siti, pater, auos, proauos, abauos.*) (372-373).

플라우투스에 의하면 노예들은 "유사 이래로" 십자가에서

형벌에 관해서는 본서 말미의 추기에 있는 푸테올리에서 발견된 비문을 참고하라.

2.　G. E. Duckworth, *The Nature of Roman Comedy*, Princeton 1952, 288ff.: "Master and Slave". 플라우투스의 저작들의 연대에 대해서는, P. Sonnenburg, Art. T. Maccius Plautus, PRE XIV, 95ff.

처형되었다. 〔사기 행각을 벌인 노예 크뤼살루스는 자신의 주인이 돌아와 자신의 부정을 발견하였을 때에 자신의 이름이 변경될 것에 대해 두려워하였다. "그는 나의 이름을 크뤼살루스에서 크루키살루스로 바꿀 것이다"〔*facietque extemplo Crucisalum me ex Chrysalo*〕(*Bacchides* 362). 즉, "황금을 나르는 자" 대신 "십자가를 나르는 자"가 된다는 것으로, 이는 크뤼살루스가 자신의 십자가를 처형 장소로 옮기게 될 것을 의미했다.〕 크뤼살루스는 분명 이 잔혹한 죽음을 염두에 두고서, 이 위험한 상황을 부분적으로는 불길한 "〔절망 상태에서 부리는〕 억지 농담"〔Galgen-humor〕으로 마주했다.[3] 테렌티우스는 자신이 노예였기에 십자

---

3. 플라우투스에 나타난 노예들의 간계와 그에 대한 형벌은 그 자체로 하나의 연구논문이 될 수 있다. 나는 여기에서 몇 가지만을 언급하고자 한다. 또한 본서 제1장 각주 13번을 보라. 참조, Asinaria 548ff. (모든 형벌에 대한 간계의 승리); Miles gloriosus 539f; Mostellaria 1133; Persa 855f; Mostellaria 359ff: 노예 트라니오의 말: "나는 나의 십자가를 질 첫 사람에게 한 달란트를 줄 것이다. / 그리고 그의 팔과 다리에 이중으로 못이 박힌다는 조건으로 그리할 것이다. / 이 조건이 수락되면 그는 나에게 즉시 돈을 요구할 수 있다"〔*Ego dabo ei talentum primus qui in crucem excucurrerit; / sed ea lege, ut offigantur bis pedes, bis bracchia. / Ubi id eritfactum, a me argentum petito praesentarium*〕; Stichus 625ff: 기식자〔*Parasiten*〕 겔라시무스에 대한 에피그노무스의 말: "불사의 신들이여! 이 사람은 한 끼의 점심이나 저녁을 위해 가장 높은 십자가에 매달릴 수도 있을 것이다. 그게 나의 자연스러운 기질이다. '나는 배고픔 이외에 다른 어떤 것과도 더 쉽게 싸울 수 있다'"〔*... di inmortales! hicquidem pol summam in crucem cena aut prandio perduci potest!*

가에서 "유희적인 것들"을 발견하지 못하고 십자가에 관한 언급을 더더욱 삼갔다. 플라우투스는 십자가형이 제1차 포에니 전쟁(주전 264-241년) 이후에 로마에 처음으로 도입된 것이 아니라, 공과 사의 구분 없이, 오래 전부터 시행되어 왔다는 사실을 당연시 했다. 키케로(*In Verrem* III,5,12)는 반역의 혐의가 있었던 노예들이 "주요한 전통이었던"〔*more maiorum*〕십자가 처형을 건네받았다고 기록했다. 할리카르나소스의 디오뉘시오스가 전하는 바, 반란을 일으킨 노예들의 십자가 처형에 관한 기록이 아주 오래되기는 했지만 어느 정도 역사성을 가지고 있는지는 의심스럽다. 이 역사가는 모든 경우들에 있어서 노예들의 처형을 전적으로 자신의 시대의 관점에서 묘사하는 경향이 있기 때문이다.[4] 리뷔우스(22,33,2)에 따르면, 주전 217년,

---

ita ingenium meumst: quicumuis depugno multo facilius quam cum fame.〕; 참조, Terence, *Andria* 621: 팜필리우스: "네가 받을 만한 것이 무엇인가?"〔*Quid meritu's?*〕. 다보스: "십자가다"〔*crucem*〕.

4. *Antiquitates Romanae* 5,51,3; 7,69,1, 참조, C. D. Peddinghaus, *Entstehung*, 24f. 또한 본서 제6장 각주 9번에 나타난 타르퀴니우스 수페르부스에 관한 것도 보라. 십자가형이 카르타고에서 소개되었다는 것에 대한 "확정적인 근거가 없다"는 페딩하우스의 강조는 전적으로 옳다(25). 플라우투스는 이미 제2차 포에니 전쟁 시기에 살고 있었고 글을 썼기에, 노예에 대한 형벌로서의 십자가형—페딩하우스가 *a terminus a quo*로 지칭한—은 포에니 전쟁보다 오래된 것으로 보아야 한다. 물론 로마와 카르타고 사이의 전설적인 관계는 주전 6세기로 거슬러 올라갈 수 있다. 509년(Polybios 3,23)에 이 두

곧 로마가 카르타고와의 트라수메누스 호수 전투에서 패배한
해에, 캄푸스 마르티우스에서 모반을 결탁한 25명의 노예들이
십자가에서 처형되었고, 이를 밀고한 자는 자유자가 되면서
20,000 세스테르티우스〔Sesterzen: 고대 로마의 화폐 단위—역주〕를
받았다고 한다. '이방지역 행정관'인 마니우스 아킬리우스 글
라브리오는 군대를 동원하여 주전 196년에 에트루리아에서
일어난 노예 반란을 진압하였다. "모반의 주동자들"〔principes co-
niurationis〕은 십자가에서 처형되었고, 나머지 노예들은 처벌을
받도록 그들의 주인들에게 넘겨졌다(*Livius* 33,36,3). 이러한 기
사는 십자가 처형이 무엇보다도 소란스러운 **노예들을 위협**하는
방책으로서 국가적 차원에서 시행되었고, 무엇보다도 노예에
대한 주인의 고유한 처벌 권한, 즉 "가장권"〔*dominica potestas*〕이
충분하지 않은 곳에서 발견된다는 것을 암시한다.[5] 타키투스에

나라 사이의 첫 번째 무역협정이 체결되었다. 한편으로 카르타고의
십자가형은 로마에서처럼 그렇게 뚜렷하게 노예들에게만 배타적으
로 시행된 것이 아니라 대역죄를 범한 주민들에게도 부과되었다.

5.   로마에서 집정관을 보조했던 "세 보좌관"〔*tresviri capitales*〕은 법
과 질서에 책임이 있었다. 이렇게 처형자들 역시 관리했다. 이들
은 이미 Plautus, *Amphitruo* 155ff.와 *Aulularia* 415ff와 *Asinaria*
131에 나타난다. 노예들은 그들을 두려워했다. 이들에 대해서, 그
리고 가장〔Hausvaters〕 개인의 정의 원칙에 대해서는 W. Kunkel,
*Untersuchungen zur Entwicklung des römischen Kriminalverfahrens
in vorsidlanischer Zeit* (ABAW. PH NF 56), München 1962, 71ff.,

따르면, 로마에는 "노예들을 위해 마련된 특별한 형장"(*locus servilibus poenis sepositus*)(*Annals* 15,60,1)이 따로 있었는데, 그곳에 수많은 십자가들이 세워졌다는 것은 의심의 여지가 없다. 『연대기』(*Annals*)(2,32,2)에 따르면 이 공포스러운 장소(Schindanger)는 캄푸스 에스퀼리누스에—예루살렘의 골고다 언덕에 호응하는 장소—있었다.[6] 〔이에 호라티우스는 〔시체들을 먹는〕 독수리를 가리켜 "에스퀼리누스의 새"(*Esquilinae alites*)라고 불렀다. 유베날리스는 로마에서조차 독수리가 시체들을 먹어치우는 끔찍한 장면을 묘사했다(*Satires* 14.77f).

> 독수리는 자기의 새끼들에게 썩은 고기를 가져다주려고
> 죽은 가축과 개와 십자가를 쪼는 데에 여념이 없다.
> (*vultur iumento et canibus crucibusque relictis.*)

십자가 및 다른 고문 도구들을 갖춘 이와 같은 형장들—반란한 노예들과 모든 범법자들을 다루기 위한 형장—은 엄격하고 무자비한 로마 정권의 표징으로서 로마제국의 큰 도시들마

119ff와 A. W. Lintott, Violence, 102ff를 보라.

6.　〔또한 Varro, *De lingua latina* 5,25; Horaz, *Satires* 1,8,14ff; Tacitus, *Annals* 15,40; Suetonius, *Claudius* 25를 보라; 참조, Catullus, *Carmina* 108.〕

다 있었다.]

주전 2세기 이탈리아에서 일어난 큰 **노예반란**에서는 십자
가형이 "노예의 형벌"(*supllicium servile*)로서 과도하게 사용되었
다. 노예들이 일으키는 위협에 대한 두려움이 〔십자가 처형이라
는〕증오와 무자비함을 야기한 것이다.[7] 물론 패배한 자들의 고
통에 대해 기록하기보다 반란을 일으킨 자들에 대한 공포에
대해 기록하는 것이 더욱 쉽기에, 우리가 십자가 처형에 관하
여 알고있는 정보는 완전히 일방적인 것이다. 시칠리아(주전
139-132)에서 일어났던 제1차 노예전쟁 기간 동안 이탈리아는
소란스러웠다. 후대의 오로시우스의 한 기록에 따르면 450명
의 노예들이 "십자가에 달렸다"(*in crucem acti*)(*Historiae* 5,9,4).
플로루스는 잔당들이 시칠리아 반란이 진압된 이후에 "차꼬를

---

7. Seneca, *Epistulae morales* 47,6("노예들만큼이나 많은 적들"
〔*totidem hostes esse quot servos*〕)를 언급하고 있는 W. L. Westermann,
Art. Sklaverei, PRE Suppl. VI, 894-1068, 980f를 보라. 또한 Livius
21,41,10를 언급하고 있는 976f를 보라: "네가 적과 싸울 때 보통 가
지고 있던 용기를 가지고 싸울 뿐 아니라, 마치 노예가 너를 향하여
무기를 들고 일어날 때 느낄 만한 격노를 가지고 싸우라"(*non eo solum
animo quo adversus alios hostes soletis pugnare velim, sed cum indignatione quadam
atque iray velut si servos videatis vestros arma repente contra vosferentes*). 참조,
E. M. Štaerman, *Die Blütezeit der Sklavenwirtschaft in der römischen
Republik*, übersetzt von M. Bräuer-Pospelova, Wiesbaden 1969, 238ff.,
257ff.

차고 투옥되었으며 십자가에 달렸다"〔*reliquias latronum compedibus,
catenis, crucibusque*〕(*Epitome* 2,7 = 3,19,8)는 사실을 기록하고 있
다. 아피아노스는 크고 작은 노예 반란들을 진압하면서 그들을
얼마나 잔인하게 다루었는지에 대해 각별히 관심을 두었다. 아
피아노스에 따르면, 스파르타쿠스의 노예 반란이 최종적으로
실패한 후 승리자 크라수스는 6,000명의 포로들을 카푸아와
로마 사이에 있는 아피아 가도에서 십자가에 매달았다(*Bella
Civilia* 1,120). 노예들의 지도자 스파르타쿠스는 전투를 시작
하기 전에 전투가 실패할 경우 그들이 처하게 될 운명에 대해
경각심을 불러일으키기 위하여 로마의 포로를 무리들 사이에
서 십자가 위에서 처형하였다(1,119).[8] 나중에 아우구스투스가

8. 주전 1-2세기에 노예 문제와 관련한 십자가 처형은, Cicero, *In
    Verrem* II,5,3에서도 언급된다. Valerius Maximus 6,3,5와 Quintilian,
    Institutio oratoria 4,2,17도 유사하다: 집정관 도미티우스는 시칠리
    에서 수퇘지를 창으로 찔러 죽인 한 목동을 십자가에 달았다. 왜
    냐하면 노예들이 무기를 소지하는 것이 금지되어 있었기 때문이
    다. Valerius Maximus 2,7,9: 칼푸르니우스 피소는 시칠리에서 노
    예들에게 무기를 공급한 한 "기병들의 지도자"〔*praefectus equitum*〕를
    처벌했다: "그들은 삶에 대한 열망에 이끌려, 도망자들로 하여금
    가장 값진 십자가를 그들의 기념비로 세우게 했다"〔*ut qui cupiditate
    uitae adducti cruce dignissimis fugitiuis tropaea de se statuere concesserant ...*〕. 참
    조, C. Clodius Licinus, *Rerum Romanorum Reliquiae* 21 (H. Peter,
    Historicorum Romanorum reliquiae, Bd. II, Stuttgart 21967, 78).
    Dionysius von Halicarnassus, *Antiquitates Romanae* 5,51,3; 7,69,2에

된 옥타비아누스는 주전 36년 시칠리아에서 이전에 집정관이 었던 레피두스를 정계에서 퇴출시켰을 때 섹스투스 폼페이우 스의 군대를 해산시켰다. 섹스투스와의 합의와는 달리, 아우구 스투스는 반란에 참여했던 노예들을 각 주인들에게 돌려보내 처벌받게 하였으며, 주인이 없는 노예들은 십자가에 처형하게 했다(*Dio Casisus* 49.12.4; 참조, Appian, *Bella Civilia* 5.131).[9] 하지만 아우구스투스는 자신의 『앙카라 기념비』(*Monumentum Ancyranum*)에서, 30,000명의 노예들을 주인들에게 돌려보내 "처벌하도록"(*ad supplicium sumendum*) 했다는 사실만을 언급하였 다. 특히 이탈리아에서 이 "노예 형벌"(*servile supplicium*)을 가혹 하게 시행했던 이유는 노예 반란—제2차 포에니전쟁 이후 로 마의 "제국주의" 기간 동안 이탈리아의 라티푼디움(*Latifundien*: 사적 소유가 된 로마의 대농장—역주)에 대규모의 노예들이 유입되어 노예 반란이 조장되었다—에 대한 두려움 때문이었다. 이 두려

서도 마찬가지로 노예전쟁 기간 동안의 상황을 전제하고 있으며, 이를 로마시대 초기의 것으로 가져다 놓는다. Cicero, *Pro Deiotaro* 26에서도 다음과 같은 표현 사용하기를 주저하지 않았다: "어떤 십 자가가 이 도망자들에게 적절한 형벌을 가져올 수 있는가?"(*quae crux huic fugitiuo potest satis supplici adferre*). 참조, J. Vogt, *Sklaverei*, 49f., 60.

9. Dio Cassius 49,12,4; 참조, Appian, Bella Civilia 5,131와 Orosius, *Historiae* 6,18,33: "그는 주인 없는 노예 6,000명을 십자가에 달았 다"(*sex milia, quorum domininon extabant, in crucem egit*).

움이 부분적으로 증오로 번졌다는 것은 이해할 만하다.

노예들은 **로마의 내전**을 겪으면서, 내전을 통해 추방된 자신들의 주인에게 충성해야 할지 아니면 정치 권력자에게 충성해야 할지에 대해 갈등했다. 추방된 주인들을 죽이는 자에게는 10,000 드라크마의 돈과 자유와 로마 시민권이 약속되어 있었기 때문이다(Appian, *Bella Civilia* 4,11). 하지만 분개한 시민들이 주인을 살인자들의 손에 넘긴 노예를 십자가에 못박도록 집정관에게 강요한 사례가 적어도 한 차례 나타난다(Appian, *Bella Civilia* 4,29).[10] 아우구스투스는 〔아우구스투스 자신을 살해하려 했던〕 판니우스 카이피오의 공모를 누설—앞서서 광장 주변에 알렸고 이는 "죽음의 원인"(τὴν αἰτίαν τῆς θανατώσεως)이 되었다— 한 노예를 카이피오의 아버지의 청에 따라 공개적으로 십자가에 못박기를 애써 허락했다(*Dio Cassius* 54,3,7). 〔또한 우리는

---

10. 한 유사한 사건이 이미 타르퀴누스 수페르부스의 치하에서도 있었다고 전해진다(본서 제6장 각주 9번을 보라). Scholion in Juvenal, *Satires* 8.266f. (Wessner, 152f): "빈디키우스는 브루투스의 아들들이 타르퀴니우스에게 문을 열어주고자 했던 것에 대한 증거를 제공한 노예다. 전자는 그들의 아버지를 도끼로 죽였다. 그는 그를 자신의 나라의 구원자로서 해방을 시켜주었고, 간첩의 혐의로는 십자가에 달았다"(*Vindicius servus, qui indicaverit filios Bruti Tarquinio portas velle resetare. quos pater securi feriit servum autem ut conservatorem patriae manu misit et ut delatorem dominorum cruci adfigit*). 추방된 노예들의 역할에 대해서는 J. Vogt, *Sklaverei*, 86ff를 보라.

이와 유사한 이야기를 주전 2-3세기, 자유인의 아들이자 마르쿠스 아우렐리우스의 사위이며, 콤모두스(주후 192년)의 유력한 계승자였지만, 너무나도 일찍이 살해된 페르티낙스에게서 발견할 수 있다. 페르티낙스는 노예들의 밀고에 의해 죄가 드러난 자들을 모두 풀어주고 오히려 정보를 제공한 노예를 십자가에서 처형하였다(*Scriptores Historiae Augustae* 8: Iulius Capitolinus, *Pertinax* 9,10).』 카라칼라가 살해된 후 마크리누스가 황제가 된 주후 217년에도 동일한 일이 발생했다. 마크리누스 역시 잔혹했던 카라칼라 치하에서 자신들의 주인을 고발한 노예들을 십자가에서 처형했다(*Herodian* 5,2,2). 주인의 명령과 국가의 명령 사이의 갈등(양쪽 모두 노예들을 십자가형으로 위협하였다)또는 주인의 선함과 계층의 한계 사이의 갈등(십자가형은 어떤 상징이었다) 역시도 수사학적인 연설에서 애용되는 주제가 되었다.[11]

노예들은 **주인들의 횡포**로부터 보호를 받기가 상대적으로 어려웠기에, 부당한 "노예의 처벌"〔*servile supplicum*〕에 노출되어

---

11. 참조, 예를 들어, Seneca d. Ä., *Controversiae*, exc 3,9: "자신의 주인에게 독을 주는 것을 거부한 노예의 십자가 처형"〔*crux servi venerium domino negantis*〕; Ps.-Quintilian, *Declamationes* 380: *crux scripta servo non danti venenum*. 이 두 책에는 모두 노예들에 대한 흔한 수사학적 주제가 등장한다. 여기에서 노예들은 매우 위중한 병에 걸린 주인에게 독을 주기를 거부한다. 이들은 "독살에 대한 코르넬리아의

있었다. 이와 관련하여 유베날리스가 재현하고 있는 로마의 어
떤 부인과 남편 사이의 대화는 많은 예시들을 보여준다.

> "그 노예를 십자가에 처형하십시오." 그 아내는 말했다.
>
> "그런데 그가 어떤 죽을죄를 지었나요?" 남편이 물었다.
>
> "증인이 어디 있죠? 누가 그를 고발했죠? 적어도 그의 이야기
> 를 들어봅시다. 한 인간의 생명이 걸려있는 한 지체할 수 없겠
> 습니다."

법"(*lex Cornelia de sicariis et veneficis*)에 의해 자신이 독살의 혐의를 받
기를 원하지 않았기 때문이다. 그리하여 자유롭게 해방되지 못하고
십자가에 처형되도록 넘겨졌다. 이 노예는 호민관, 말하자면 제국의
법정에 호소했다. Seneca d. Ä., *Controversiae* 7,6에서는 노예와 상
류 자유민 사이의 금지된 결혼에 대한 또 다른 무서운 이야기를 전
한다: 한 도시에서 다른 노예들이 십자가에서 처형되는 동안, 한 노
예의 주인이 자신의 노예를 충성의 대가로 해방시키고 자신의 딸과
결혼시켰다. 사람들은 그 주인이 자신의 딸의 지위를 "십자가에 처
형된 자들"(*cruciarii*)의 일원으로 떨어뜨렸다고 비난했다. "네가 만
일 네 사위의 친지들을 보기를 원한다면 십자가로 가보거라"(*Si voles
invenire generi tui propinquos, ad crucem eundum est*)(참조, Plautus, *Miles
Gloriosus* 372f., 본서 제8장을 보라). Servius, *Commentary on Virgil*,
Aeneid 3,551 (Thilo/Hagen I, 436)에서는, 메세네와의 전쟁이 끝난
후에 스파르타 사람들이 스파르타 여인들과, 노예들 및 그 자손들
사이의 불법적인 관계를 끊게 했다고 전한다: "그들은 노예들을 십
자가에 처형했고 그 자녀들을 교살했다"(*servos patibulis suffixerunt, filios
strangulavere*). 이와 같은 사건에 대해 로마인들이 가진 혐오감이 그
리스 역사에도 나타난다.

"오, 당신은 어리석군요. 당신은 노예를 인간으로 보시나요? 당신은 그가 아무 잘못도 하지 않았다고 말씀하고 계신 건가요? 이것은 나의 뜻이자 나의 명령이에요. 이를 그 행위에 대한 근거로 받아들여 주세요."

(*Pone crucem servo!—Meruit quo crimine servus*

supplicium? quis testis adest? quis detulit? audi;

nulla umquam de morte hominis cunctatio longa est.

O demens, ita servus homo est? nil fecerit esto;

Hoc volo, sic iubeo, sit pro ratione voluntas!)[12]

키케로는 아울루스 클루엔티우스를 변호하면서 되려 클루엔티우스의 어머니를 고발했다〔클루엔티우스는 계부를 독살했다는 혐의로 자신의 어머니에게 고소되었다—역주〕. 그녀가 한 노예의 혀를 자르고 동시에 십자가에 달아 어떤 증언도 하지 못하게 만들었기 때문이다(*Pro Cluentio* 187). 키케로는 연설 『밀로를 위하

---

12. Seneca d. Ä., *Controversiae* 10,5에서는 아테네의 화가의 경우에 대하여 다룬다. 그는 올륀토스 출신의 늙은 전쟁 포로를 노예로 사서 프로메테우스의 초상을 그리기 위한 모델로서 고문하여 죽였다(본서 제2장을 보라). 그리스의 연설가들은 이 화가를 일변도로 비판하였지만, 부분적으로 라틴 연설가들은 그를 변호했다. Fulda, *Kreuz und Kreuzigung*, 56에서는 "화가의 모델"로서의 십자가형에 대한 중세시대의 한 예를 제시하고 있다.

여』〔*Pro Milone*〕에서 〔**평민당**〔*populares*〕과 **귀족당**〔*optimates*〕 사이의
파벌싸움 중〕 거짓 증거를 받아내기 위하여 노예들을 강압하
는 것에 대해 질책했다(제60장). 노예가 밀로의 적이자 평민당
의 부패한 지도자 클로디우스의 혐의를 증언한다면 명백히 십
자가형을 당하게 되고〔*certa crux*〕, 클로디우스의 편을 들어준다
면 바라던 자유〔*sperata libertas*〕를 얻을 수 있는 상황이 조장된 것
이다. "원로원 의원들"〔*maiores*〕은 기본적으로 노예들이 자신의
주인들에 반하여 증언하는 것을 받아들이지 않았었다.

　　물론 이러한 것들이 지나치다는 비판이 일기도 했다. 호라티우
스는 노예가 주인의 식탁에 물고기 요리를 차리면서 몰래 맛
을 보았다는 이유로 그 노예를 십자가에 달았던 주인을 가리
켜 "멀쩡한 사람들 사이에 섞여 있는 아주 미친 놈"이라고 말
했다.[13] 이는 국가권력을 위하여 노예 소유주의 전횡을 축소시

---

13. Satires 1,3,80ff.: Lukian, *Prometheus* 10, (제우스에게 반대하면서):
　　어느 누구도 음식의 맛을 보았다고 자신의 요리사를 십자가에 처형
　　하지 않는다. Horaz, *Satires* 2,7,47에서는 한 노예가 주인에게 반대
　　하면서 다음과 같이 말한다: "우리 중에 십자가형을 받을 만한 죄
　　를 범한 자가 있습니까?"〔*peccat uter nostrum cruce dignius*〕. *Epistlulae*
　　1,16,46-48에서 호라티우스는 자신의 노예와의 대화를 전하고 있
　　다: "한 노예가 나에게, '저는 결코 훔치지도 달아나지도 않았습니
　　다'라고 말한다면, 나는 이렇게 대답할 것이다. '너는 보상을 받고,
　　매 맞지 않을 것이다.' '저는 결코 누구도 죽이지 않았습니다.' '너는
　　십자가 위에서 독수리의 밥이 되지 않을 것이다'"〔*'nec furtum feci nec*

키려 했던 아우구스투스의 경향과도 일치한다. 세네카는 "잔인했던 노예 소유주가 '십자가 처형의 위협 아래에 있었던'(*sub certo crucis periculo*) 노예들의 손에 보복을 당하게 된다"(*De Clementia* 1,26,1)라는 기사를 어느 정도 만족하며 기술하는 데까지 나아갔다.

다른 한편으로 노예들에 대한 국가의 법률은 여전히 가혹했다―특히 제국시대에는 자유민과 이방인들도 점차 노예들과 동일한 십자가형을 당했다. 아직 공화국 시대일 때, 발레리우스 막시무스는 한 노예가 여섯 차례나 고문을 받고도 "말"(*equus*) 한 마리를 죽였다는 사실을 부인했지만 결국에는 시인하고 십자가형을 당했다는 사실을 전했다. 다른 어떤 노예는 여덟 번의 고문을 당하는 동안 침묵했지만, 결국에는 유죄선고를 받았다고 한다(8,4,2f). 노예의 주인이 살해되었을 때에 그 집안의 노예들을 모두 처형―많은 경우 십자가에서 처형―하는 "옛 풍습"은 원로원의 판결을 통해 네로의 시대에 되살아났고(Tacitus, *Annals* 13,32,1), 몇 년 지나지 않아 한 도시의 행정관이 살해되었을 때에 이 풍습은 주민들이 봉기하게 될 위험에도 불구하고 실제로 시행되었다(14,42-45). 이 사건은 로마에서 대규모의 노예들을 "위협하지 않고서는"(*non sine metu*)

---

fugi' si mihi dicit servus, 'habes pretium, loris non ureris,' aio. 'non hominem occidi.' 'non pasces in cruce corvos').

통제할 수 없었다는 것을 보여준다(14,44,3). 트리말키오는 "해안 도시"〔*acta urbis*〕에서 향연을 즐기던 중, 곡물과 자신의 "비망록"〔*actruarius*〕에서 개인 소유물과 가축·곡물의 판매에 관한 내용을 소리 내어 읽게 되었다. "노예 미트리다테스는 우리 가이우스(= 카리굴라)의 영혼을 욕되게 했다는 이유로 십자가에 달렸다"(Petronius, *Satyricon*, 53,3).[14] 〖무엇보다도 법률가 파울루스의 『격언집』〔*Sententiae*〕에는 황제나 국가의 미래에 대해 점성술사에게 묻는 사람들이나 자신의 주인의 운명에 대하여 묻는 노예들이 이 형벌을 받았다고 기록되어 있다(5,21,3f). "그들은 가장 가혹한 형벌인 십자가형을 당하게 될 것이다"〔*Summo supplicio, id est cruce, adficiuntur*〕. 제국의 자유민이나 노예들은 기사계급〔*eques*〕까지 올라갈 수 있었지만, 잔인한 개인 소유주의 지속적인 위협을 받았다.〗 카리굴라(Suetonius, *Carigula* 12,2)와 도미티아누스(*Domitian* 11,1)는 제국의 노예와 자유민

---

14. C. D. Peddinghaus, *Entstehung*, 30에서는, 이 대목에서 미트리다테스 왕에 의해 말뚝형을 받은 것이라고 터무니없이 해석했다. 가이우스의 "영혼"에 대해서는 Suetonius, *Caligula* 27,3〖와 Minucius Felix, *Octavius* 29,5를 보라: "왕의 영혼보다도 유피테르의 영혼으로 거짓 맹세하는 것이 더 안전하다"〔*et est eis tutiusper Iovis genium peierare quam regis*〕.〗 전체적인 질문에 대해서는 Petronius, *Satyricon* 137,2와 비교하라: "만일 지휘관이 이를 알았더라면, 너는 십자가에 달렸을 것이다"〔*si magistratus hoc scierint, ibis in crucem*〕.

들을 자신들의 마음대로 십자가에 처형했다고 회자된다. 비텔
리우스는 사기를 친 자유민을 "노예의 방식"〔*in sevilem modum*〕으
로 처형했고(Tacitus, *Histories* 2,72,2), 그의 대적자 베시파시아
누스도, 군사적인 "공로"로 〔비텔리우스에 의해〕 자유하게 되어 기
사계급에까지 오른 두 노예들을 동일하게 처단했다. 타키투스
는 타라키나를 배반한 자의 처형 기사를 만족스럽게 이야기한
다. 기사단의 장식으로서 십자가에서 처형된 자를 십자가에 걸
어둔 것은 전체적으로 "위로"〔*solacium*〕가 되었다는 것이다
(4,3,2). 다른 작가들 중에서도 아시아티쿠스는 간결하게 전하
고 있다. "그는 노예의 처벌을 당해 악한 권력의 대가를 치렀
다"〔*malam potentiam servilii suplicio expiavit*〕(4,11,3). 〔주후 222년에
헬리오가발루스가 살해된 이후, 알렉산드로스 세베루스는 제
국의 노예들 및 자유민들—이전에 노예 상태에서 승격된—의
수를 줄였을 뿐 아니라, 노예들이 중상과 뇌물로 타인들을 방
해했다는 혐의로 기소된 경우에는 로마제국의 궁전으로 가는
번화가에서 십자가에 달아 처형했다(*Scriptores Historiae Au-
gustae* 18: Aelius Lapridius, *Alexander Servus* 23,8). 개인에게 속
했던 자유민들과 여자들 역시 위험한 상태에 놓여있었다.〕 한
로마 기사는 로마에 있는 이시스 신전의 사제들과 결탁하여
자신이 차지하기 원하는 여자를 속였는데, 이를 도와주었던
한 자유민 부인은 티베리우스의 치하에서 이집트 여신의 이방

인 사제들과 함께 십자가에 못박혔다―이시스 신전은 파괴되
었으며, 이시스의 형상은 티베르 강에 던져졌다. 하지만 범행
유발자인 로마 기사 그 자신은 어리석은 사랑으로 인해 행동
하였다는 이유로 추방되는 데에 그쳤다(Josephus, *Antiquitates*
18,79f). 이것은 계급의 울타리가 엄격하게 유지되고 있다는
것을 보여준다.[15] 〔노예들과 자유민들, 이방인들은 종교적인 기
만과 "미신적인 이방 제의"〔*superstitiones externae*〕(Tacitus, *Annals*
11,15; 참조, 13,32,2)를 불법적으로 행하였다는 것에 대해 특
별히 강력한 혐의를 받고 있었다. 이는 그리스도인들을 재판하
는 과정이 거칠었던 것에 대한 설명이 되기도 한다. 우리는 이
것을 켈트의 드루이교의 점성술사(Tacitus, *Annals* 2,32)에 대한
박해(Suetonius, *Claudius* 25; Aurelius Victor, *Caesares* 4,2; 참조,
Plinius d. Ä., *Historia Naturalis* 29,54)와 아이를 제물로 바치는
고대 카르타고의 범행에 대한 처벌과 나란히 놓고 볼 수 있다.
그리스도인들 역시도 그러한 범죄들의 혐의를 받았다(Mi-

---

15. 참조, Apuleius, *Metamorphoses* 10,12,3: 한 부인은 그녀의 의붓아
    들을 살해하려고 했다는 이유로 공범인 한 노예와 함께 유죄선고
    를 받았다. "그 여자는 영구히 추방되었고 그 노예는 교수대에 달렸
    다"〔*novercae quidem perpetuum indicitur exilium, servus vero patibulo suffigitur*〕.
    *honestiores*와 *humiliores*의 차이에 대해서는, *Anthologia Latina*
    794,35를 참조하라. "부자는 판결을 사고, 가난한 자는 십자가형을
    선고받는다"〔*Crimen opes redimunt, reus est crucis omnis egenus*〕.

nucius Felix, *Octavius* 9,5).〕 아프리카의 한 지방 총독은 '사투르누스'—즉, 고대 페니카아의 아이 제사 풍습을 시행하는 카르타고의 바알-함몬 신—의 사제들에게 적지 않은 형벌을 가한 것으로 유명해졌다. 이 총독은 "범행이 행하여졌던 신전의 바로 그 나무들 위에 신에게 봉헌하듯이 저들을 십자가에 공개적으로 달았다(*votivis crucibus exposuit*)." 이 사건을 전하고 있는 테르툴리아누스는 여기에서 이 총독의 이름하에 처형된 군사들에 관한 목격담을 이야기했다(*Apologeticus* 9,2).[16]

물론 이 대목에서 우리는, **십자가형을 받을 수도 있었던 노예들과 이방인들에게 있어서 그렇게 혐오스러운 "공포"(horrendum)를 조장했던 십자가가 십자가에 달린 구원자의 메시지를 가로막았던 것은 아닌지**에 대해 물을 수 있다. 바로 저들에게 있어서 십자가의 "공포"는 상류층 구성원들의 경우보다도 더욱 실제적이고도 개인 실존에 더욱 가까이 있는 문제였다고 답할 수 있을 것이다. 그래서 특히 유능했던 노예들은 사회적·법적 지위를 최소한도나마 부분적으로 향상시켜주고 사회적으로 조금

---

16. Tertullian, *Apologeticus* 9,2. 아이를 제물로 바치는 것에 대해서는, O. Kaiser, "Den Erstgeborenen deiner Sonne sollst du mirgeben. Erwagungen zum Kinderopfer im Alten Testament", in Denkender Glaube. Festschrift Carl Heinz Ratschow, Berlin 1976, 24-48 (카르타고 인들에 대해서는 42-43쪽 각주 65a번을 보라); A. Henrichs, *Die Phoinikika des Lollianos*, 1972, 12ff. (15f) 32ff.

더 올라갈 수 있는 가능성을 선사해주는 자유를 희망했다. 고
대 사회에서 밑바닥에서부터 자수성가하여 부유한 시민계층
이 된 사람들에게 "해방"〔*libertini*〕은, 트리말키오 및 힘을 가지
게 된 제국의 수많은 자유민들이 보여주는 것 같이, 아주 중요
한 역할을 했다. 최고조에 달한 죽음의 고통 앞에서 자신을 스
스로 구원해내지 못한(막 15:31), 이른바 하나님의 아들은 도리
어 십자가를 메고 자신을 따르라고 여러 차례 요구했지만, 이
는 하류층 사람들에게 큰 매력으로 다가오기 어려웠다. 이 사
람들은 "십자가를 지고 도심을 지나 십자가에 달리게 된다는
것"〔*patibulum ferat per urbem, deinde offigitur cruci*〕(Plautus, *Carbonaria*,
fr. 2)이 무슨 의미인지 너무나도 잘 알았기에 이를 두려워했다.
그런데 초기 기독교는 분명히 노예들의 종교가 아니라 기본적
으로 이미 바울의 때에, 무엇보다도 플리니우스와 테르툴리아
누스의 때에 "모든 계층"〔*omnis ordinis*〕의 사람들을 포괄하는 종
교였다.[17]

　〔"노예 형벌"〔*supplicium sevile*〕에 관한 이러한 기본적인 주제
는 또한 빌립보서 2:6-11의 찬가를 더욱 분명하게 조명해준다.
바울이 선교 과정에서 세웠던 교회의 예배에 참석했던 사람들

17.　Plinius d. J., *Epistulae* 10.96; Tertullian, *Apologeticus* 1.7; *Adversus
　　　Nationes* 1.1.2; 참조, M. Hengel, *Property and Riches in the Early
　　　Church*, ET London and Philadelphia 1975,36ff. and 64ff.

과 특히 고대 시대의 빌립보서의 독자들은 이 찬가가 낭송될 때에 "자기를 비워 종〔노예〕의 형체를 가져"〔ἑαυτὸν ἐκένωσεν μορφὴν δούλου λαβών〕라는 어구와 첫 연의 논쟁적인 결말부〔"자기를 낮추시고 죽기까지 복종하셨으니 곧 십자가에 죽으심이라"〕 사이에 직접적인 관련성을 발견하게 된다. 십자가의 죽음이 노예들에 대한 형벌이었다는 것은 모두가 주지하고 있던 사실이었다. 십자가는 극도의 비천함과 수치와 고통을 상징했다. 따라서 "십자가의 죽음"〔θανάτου δὲ σταυροῦ〕은 "종〔노예〕의 형체를 가진 것"〔μορφὴν δούλου λαβών〕의 고통스러운 최후 결과를 뜻하며 찬가 시작부에 나타난 바, 십자가에 달리신 분이 선재한 분이라는 신적 본성에 관한 묘사—우리가 상상할 수 있는 어떤 것보다도 탁월한 찬양〔ὁ θεὸς αὐτὸν ὑπερύψωσεν: 하나님이 그를 지극히 높이셨다〕—와 가장 날카로운 대조를 이룬다. 노예가 당하는 죽음으로 죽은 자는 만물의 주로 찬양을 받게 되었고 신의 칭호인 '주'〔κύριος: 구약의 야훼를 가리키는 칭호—역주〕를 수여받게 되었다. 이 찬가의 첫 연 마지막부에 "십자가의 죽음"〔θανάτου δὲ σταυροῦ〕이라는 어구가 빠졌다면 결정적인 진술을 놓친 꼴이 될 뻔했다. 따라서 오트프리트 호피우스〔Otfried Hofius〕가 시적이면서 신학적인 척도를 가지고 이 찬가의 통일성에 대해 신중히 변호하려 했던 것은 그 내용, "노예 형벌"〔supplicium servile〕로도 지지될 수 있다. 이렇게 "첫 번째 연의 절정이—언어와 내용 모두와 관

련하여서―십자가 죽음에 대한 언급에 놓여있는 것이라면, 바
울 이전〔pre-pauline〕의 찬가에 나타나는바, **성육신**이 진정한 구
원 사건이었으며 그 죽음은 단지 피할 수 없는 결과였다는 주
장은 더 이상 신뢰할 수 없을 것이다. 반대로 우리는 이 찬가가
이미 예수의 죽음에 담긴 구원의 중요성을 확고하게 전제하고
있다는 것을 받아들여야 한다."[18]〕

---

18. O. Hofius, *Der Christushymnus Philipper 2,6-11*, WUNT 17,1976,17.
    참조, 9-17,56-64. 또한 M. Hengel, *The Son of God*, 1976, 87f., 91f도
    보라.

제9장
십자가에 처형된 순국자들과
철학적·메타포적 언어

   고대 세계—로마—에 있어서 십자가 처형을 **철학자 내지 순
국자들**이 당했던 죽음의 방식으로서 비기독교적 차원에서 긍
정적 의미로 바라본 사례들이 발견되지는 않는지에 대한 의문
이 여전히 남아있다. 〔무엇보다도 그러한 인물들의 죽음은 고
대 세계에서 흔했다.〕 폴뤼크라테스의 모호한 죽음의 형태를
차치한다면(본서 제6장), 나는 이에 대한 역사적인 **실례**를 발
견하지 못했다. 하지만 로마의 영웅인 아틸리우스 레굴루스의
죽음이 "십자가"〔*crux*〕와 관련이 있다는 전승은 있다. 제1차 포
에니 전쟁 당시 로마 장군 레굴루스는 카르타고의 포로가 되
었는데, 카르타고인들은 포로 교환 및 평화 조약 협상을 위하
여 레굴루스를 로마로 보냈다. 하지만 레굴루스는 원로원 의원
들에게 그들의 입장을 굳건히 고수하기를 청했다. 약속한 대로

레굴루스는 카르타고로 돌아왔고 거기에서 카르타고인들의
복수심으로 죽음에 이르는 모진 고문을 받았다고 한다. 그의
죽음의 형태에 관한 전승들은 다양하게 갈라져 내려왔다. 그중
에는 서서히 죽어가게 되는 독약을 먹이고, 잠을 자지 못하게
하였으며, 깜깜한 방에 감금하고, 눈꺼풀을 잘라내고 강한 빛
을 비춘 후, 결국에는 십자가에 처형하였다는 언급이 있다. 십
자가 처형이 마지막에 언급된 것은 추정컨대, 이 형벌이 카르
타고의 국가사범을 위한 형벌이자 다른 모든 상상 가능한 고
문들을 포함하고 있는 "최고의 형벌"〔summum supplicium〕로 간주
되었기 때문일 것이다.

〔"고문 집행관의 상상력에 전적으로 달려있는" 이 전설—
특히 키케로가 상술한—은 역사적 사료로서의 가치가 거의 없
다. "이와 같이 역사적으로 조작된 영웅들의 불쾌한 이야기는
술라〔Sulla〕 시대 이후 로마의 역사 편찬에 불건전한 영향을 끼
친 수사학의 산물이자, 키케로의 글에 흔히 나타나는 것으로
서 그 자체의 비도덕성을 인지하지 못하는 진부한 대중 도덕
철학의 산물이다. 이들의 이야기가 산문이나 시의 형태로 낭독
될 때에 영웅들은 칭송을 받았다."[1] 하지만 개중에도 주후 2세

---

1.   P. v. Rohden, Art. Atilius 51, PRE II, 2086-2092 (2092에서 인용)을
      보라. Horaz, *Carmina* 3,6에서 가장 좋은 평가—십자가 모티프 없
      이—를 내리고 있다. 여기에는 단순히, "그는 야만인 고문 집행관

기 후반의 실리우스 이탈리쿠스는 과대평가되거나 실제로 순
국자로 존경 받기에 충분하지 않은 인물이었다.

> 나는 헥토르 가의 자랑이자 희망인 레굴루스가 등 뒤로 손이
> 묶인 채 대중들의 외침 가운데 어두운 지하 감옥으로 끌려가는
> 모습을 보았다. 그 후에 나는 그가 나무에 높이 매달려, 높은 십
> 자가 위에서 이탈리쿠스를 바라보고 있는 모습을 보았다. (...
> *vidi, cum robore pendens Hesperiam cruce sublimis spectaret ab*
> *alta.*) (*Punica* 2,340-4, 참조, 435f).

물론 십자가는 레굴루스의 죽음과 관련한 많은 주제들 중
하나에 불과하며, 실제로 십자가 처형 장면은 후대 전승에 등
장한다.[2] 실리우스 이탈리쿠스의 『푸니카』(*Punica*) 제6권에서
화자는 레굴루스의 아들 세라누스에게 카르타고인들의 "짐승
같은 포악함을 드러내는 의식"(*ritus imitantem irasque ferarum*)에 대
하여 전하면서, "평온한 얼굴로"(*placido ore ferentem*) 고문을 맞이

이 그를 위해 준비하고 있었다는 것을 알았다"(*quae sibi barbarus/tortor*
pararet)(49-50행)라고만 나타난다.
2. 레굴루스가—역사적인 실제와는 달리—즉각 십자가에서 처형되었
다는 것은, Cicero, *De Natura Deorum* 3,80과 같은 곳에 나타난다:
"Cur Poenorum crudelitati Reguli corpus est praebitum." 십자가는 이
"잔인성"(*crudelitas*)에 대한 직접적인 표현이었다.

하는 그의 아버지 레굴루스의 "존경할 만한 덕성"(*veneranda virtus*)을 세상에 주어진 한 표본으로 제시한다. 그는 고통의 형틀에서 잠들 수 없었다.

> 그 인내(*patientia*)는 어떠한 승리들보다도 위대하다. 그의 월계관은 그의 흠 없는 충성(*fides*)이 하늘과 땅 위에서 계속되는 한, 그리고 덕망의 칭호가 높임을 받는 한 영원히 푸를 것이다. (529-50).

이 마지막 찬가를 십자가 처형과 무관한 것으로 볼 수는 없다.)

세네카는 레굴루스를 사람들이 두려워하는 "공포"(*terribilia*)를 이긴 자로 묘사했다. "많은 사람들은 각기 자신들에게 주어진 시련을 극복했다. 무키우스는 화형을, 레굴루스는 십자가형을, 소크라테스는 독배를 이겨냈다"(*singula vicere iam multi: ignem Mucius, crucem Regulus, venenum Socrates ...*)(*Epistulae morales* 98,12). 세네카는 충성과 인내의 증거(*documentum fidei [et] patientiae*)로서 "깃털 침대에서 밤을 지새우듯 십자가에서 시간을 보낸"(*tam vigilabis in pluma quam ille in cruce*)(Dialogue I, *De providentia* 3,9f) 레굴루스를 나약한 마이케나스와 비교했다(본서 제4장을 보라). 플로루스는 레굴루스가 자발적으로 카르타고로 돌아간 것을

통해서든지, 감옥이나 십자가에서 처절한 고통을 겪은 것을
통해서든지 그 명예가 손상되지 않았다는 점을 강조했는데〔*nec
ultimo sive carceris seu crucis supplicio deformata maiestas*〕, 더욱 놀라운 것
은 레굴루스가 오히려 자신을 짓이겼던 자들을 정복하고, 심
지어는 "운명"〔*fortuna*〕 자체를 정복한 승리자가 되었다는 사실
이다(*Epitome* 1,18 = 2,2,25). 더 나아가 이 순교자에게 십자가
위에서 고대의 문명세계가 수여할 수 있는 최고의 영예가 주
어졌다. 말하자면, 레굴루스는 자신의 운명을 정복한 자〔Über-
winder〕가 되었다. 테르툴리아누스에게 있어서 레굴루스는 비
기독교 세계의 순교자의 원형이었다. 왜냐하면 다른 이들과는
달리 레굴루스는 십자가로부터 다면적이고 고상한 잔인성이
라는 새로운 경험을 창시했기 때문이다〔*crucis vero novitatem numer-
osae, abstrusae, Regulus vester libenter dedicauit*〕(*Ad Nationes* 1,18,3).

　〔모든 역사적인 사실과는 대조적으로 레굴루스가 십자가
형을 받았을 것이라고 회자되는 이유는 아마도 키케로의 『신
들의 본성에 대하여』(*De Natura Deorum* 3,80)에 나타나는 다
음과 같은 문장에서 찾을 수 있을 것이다. "어찌하여 레굴루스
의 몸이 잔학한 카르타고인들에게 넘겨졌는가?"〔*Cur Poenorum
crudelitati Reguli corpus est praebitum*〕. 십자가는 명백히 이러한 잔학
성〔*crudelitas*〕을 표현하는 가장 탁월한 도구였다.〕

　우리는 또한 레굴루스 전설에 부분적으로 나타날 만한 메

타포적 언어를 잠시 살펴볼 필요가 있다. 십자가(*crux*)는 사랑으로 인한 아픔(Liebesschmerz)을 포함하여 극심한 고통을 표현하는 데에 사용될 수 있었기에, 이 단어가 실제 처형 도구로서의 십자가와 관련된 것인지, 아니면 메타포적 언어로 사용된 것인지 구분하기 어려운 경우가 더러 있다. "최고의 형벌"(*summum supplicium*)로서 십자가형에 대한 이해는 분명히 콜루멜라의 숙고할 만한 진술에 기초하고 있다. "고대인들은 십자가 극형을 법적 최고형으로 간주했다"(*summum ius antiqui summam putabant crucem*)(*De re rustica* 1,7,2). 키케로는 황제의 폭정과 타협하는 것을 "높이 들린 십자가보다 더욱 비참한 것"(*miserius ... quam in crucem tolli*)(*Ad Atticum* 7,11,2)이라고 말했지만, 이것이 나중에 자신이 직접 그러한 일을 행하게 될 것을 막아주지는 못했다.[3]

더욱 흥미로운 것은 **철학적인 논쟁**—견유학파-스토아학파적 격렬한 비판과 관련한—에서 "최고의 형벌과 노예의 형벌"(*summum et servile supplicium*) 주제가 간혹 나타난다는 것이다. 에피크테토스는 법적 논쟁에서 상대방을 자극하지 않는 것이 좋

---

3. 기사 칸티에누스에 관한 언급을 참조하라(*Ad Quintum Fratrem* 1,29): "네가 이전에 그를 끌어내렸던 십자가에 스스로 달린다"(*illum crucem sibi ipsum constituere, ex qua tu eum ante detraxisses*). 슬픔의 고통에 대해서는, Catullus, *Carmina* 99,4: "나는 내가 어떻게 십자가 꼭대기에 달려있었는지 기억한다"(*suffixum in summa me memini esse cruce*).

다고 생각했다. "만일 네가 십자가에 처형되기를 원한다면, 기다려라. 그러면 (십자가가 와야 할 것이라면) 십자가가 다가올 것이다." 곧, 만물 안에서 섭리(*Logos*)를 따르는 것이 중요하다는 말이다(*Diatribes* 2,2,20).[4] 세네카는 "욕망"(*cupiditates*)과 "각각의 사람이 자신에게 못박는 십자가"(*cruces, in quos unusquisque uestrum clauos suos ipse adigit*)를 비교했다. (욕망에 지배되는) 모든 사람들은 자신들을 "형벌로 몰아가듯이"(*ad supplicium acti*) 저마다 자신의 기둥에 매단다(*stipitibus singulis pendent*). 모든 것들은 견유학파의 훈계와 어울릴 만한 다음 문장에서 끝난다. "저들은 십자가에서 찢기듯이 많은 욕망들에 의해 찢겼다"(*quot cupiditatibus tot crucibus distrahuntur*)(*Dialogue* 7, *De vita beata* 19,3). 세네카는, 고통은 진정으로 악한 것이 아니며 지혜자는 "항상 행복"(*semper beatus*)해야 한다는 스토아학파의 기본적인 명제에 반박했다. 세네카의 간결한 반론은 계속된다. "십자가에 달린 사람은 어느 누구도 행복할 수 없다"(*in crucem qui agitur, beatus esse non potest*)(*De Finibus* 5,84). 또한 자신의 논지에 대한 예로써 폴뤼크라테스를 인용한다(5,92). 세네카와 유사하게 필론은 자신들의 욕망에 의해 지배된 육체를 기술하기 위하여 십자가 처형의 이미지를 여러 차례 사용했다. (욕망에 지배된 사람들의) 영혼은

4.　3,26,22는 목욕탕에서 안마사의 요구에 따라 "십자가에 처형된 인물과 같이" 두 팔을 뻗은 사람들을 부정적인 것으로 바라본다.

"영혼이 아닌 물질에 매달려 있다. 마치 십자가에 달린 사람이 죽을 때까지 허무한 나무 쪼가리에 달려 있듯이 말이다."[5] 이 전체적인 표현들의 기점이 되는 것은 플라톤의 『파이돈』(*Paidon* 83c/d)에 나타난다. 즉, 못 하나에 육체가 고정되어 있듯이 모든 영혼은 욕망에 고정되어 있다는 것이다.[6] 십자가 처형의 이미지는 긍정적인 의미—각 사람이 자신의 운명을 견뎌야 하는 전체적인 고대 세계의 권고로부터 눈을 돌려—를 양산할 여지가 전혀 없으며, 이는 메타포에서도 역시 잿빛 의미로 남아있다. 십자가 메타포적인 의미로 사용된 것이 라틴 세계에만 머물러 있다는 것은 우리의 이목을 집중시킨다. 내가 아는 한, 십자가는 그리스 세계에서 상징적인 의미로 사용된 바가 없다. 추정컨대, 이 단어를 메타포로서 적절하게 응용한다면 매우 모욕적인 뜻을 전했을 것이다.

---

5. Philo, *De posteriate Caini* 61: ἀψύχων ἐκκρέμανται καὶ καθάπερ οἱ ἀνασκολοπισθέντες ἄχρι θανάτου φθαρταῖς ὕλαις προσήλωνται, 참조, 창 40:19과 잠 25장의 해석으로서 폴뤼크라테스를 언급하고 있는 *De somniis* 2,213를 보라(본서 제4장 각주 13번을 보라).

6. 참조, Plutarch, *Moralia* 718D; Stobaio, *Anthologia* 3,5,45 (Wachsmuth /Hense III, 270)에 나타나는 얌블리코스.

제10장
그리스어권 세계에서의
십자가 처형

이제까지 우리는 소위 **그리스어권 세계**, 곧 그리스와 소아시아, 이집트, 시리아를 뒷전에 두고 있었다. 로마제국 시대에 로마의 형벌로서 두드러지게 나타나는 십자가형에 대한 자료는 그리스어권 지역보다는 라틴어권 지역에서 더욱 풍성하게 나타난다. 하지만 이때 라틴은 "서부"〔Westen〕, 그리스는 "동부"〔Osten〕, 또한 페르시아는 "동양"〔Orient〕, 그리스는 "서양"〔Okzident〕으로 상정하는 것은 대체적으로 잘못된 것이다.[1] 퀴레나이

---

1. 신빙성 없이 "동양"〔Orient〕과 "서양"〔Okzident〕을 구분하고 있는 것에 대해서는, C. D. Peddinghaus, *Entstehung*, 9.11ff를 보라; E. Brandenburger, Σταυρός, 21에서 페딩하우스를 따르고 있다. H.-W. Kuhn, Jesus als Gekreugzigter, 10 Anm. 33에서와 같이 "시체를 말뚝에 달아" 공개적으로 "전시"했던 것이 분명히 "동양"만의 풍습이라고 한 것도 옳지 않다. 이 견해 역시 페딩하우스를 따른 것이다

카에 속한 바르카의 폭군 아르케실라오스는 암살당했다. 아르
케실라오스의 어머니 페레티메는 아들을 죽게 만든 주범들을
성벽 주위에서 십자가로 처형하게 했다(Herodot 4,202,1). 페레
티메는 십자가형을 당한 자들과 마찬가지로 그리스인이었다.
더 나아가 헤로도토스는 아테네 사람들마저도 증오하는 대적
들을 십자가에 달았다는 것을 기록하고 있다(본서 제6장). 오
직 여기에만 등장하는 "판자 위에 못을 박다"라는 표현은 기록
된 당시에 실제 십자가가 사용된 것이 아니라 그들의 고유한
형법에 의거한 "튐파눔"(*tympanum*: 고대 그리스의 북 모양의 형틀로 이
형벌 방식에 대해서는 본 장에서 논한다―역주)이라는 형틀이 사용되었

(본서 제4장 각주 3번과 Diodorus Siculus 16.61.2; Euripides, *Electra*
896ff를 보라). 대부분 ἀνασκολπίζειν라는 단어를 사용하는 십자가
형 외에도, 동양에서는 πηγνύναι, ἀναπείρειν 등의 단어를 사용하
는 말뚝형(= 찔러 처형하는 형벌)에 관한 증거들이 있다: Euripides,
Iphigenia in Tauris 1430; Rhesus 5i3ff; Diodorus Siculus 33,15,1f;
Dio Cassius 62,7,2; 62,11,4; 또한 Seneca, *Epistulae morales* 14,5;
Dialogue 6 (*De consolatione, Ad Marciam*) 20,3; Fulda, *Kreuz und
Kreuzigung*, 113-16. 쿤에 의해 인용된 Plutarch, *Moralia* 499D: ἀλλ᾿
εἰς σταυρὸν καθηλώσεις ἢ σκόλπι πήξεις라는 어구는, 플루타르코스
에게 있어서 십자가형과 말뚝형이 가장 잔인한 형태의 처형 방식으
로 알려져 있음을 보여준다. 본서 제10장을 보라. 그는 구레뇨인 테
오도로스 아테오스의 비화를 설명하기 위해 이를 제시하고 있다.
["동양"은 "서양"보다 더 잔인하지 않았다. 적군의 시체나 머리에
말뚝형을 행한 것에 대해서는, 본서 제4장, 제6장 각주 3번과 각주
6번을 보라.]

음을 보여준다. 이는 나무판자〔σανίδες〕로 만든 널빤지로서 그
위에 범법자들을 묶어놓고 고문하거나 처형했다. 주전 7세기
의 것으로 추산되는 팔레로의 저 유명한 무덤에서는 17명의 처
형된 자들이 발굴되었는데, 이들의 목에는 고리가, 손과 발에
는 갈고리가 채워져 있었다. 여기에서 "아포튐파니스모스"
〔ἀποτυμπανισμός〕라는 특별히 강화된 형태의 형틀을 볼 수 있는
데, 이때 처형되는 자들을 묶어놓거나 구부러진 못으로 고정
시키는 대신 못으로 박아 매달아 놓았다면 십자가형과 매우
유사했을 것이다. 그리스 신화에서 십자가형과 유사한 형태는
익시온과 프로메테우스(본서 제3장), 안드로마케(본서 제4장)
에게서 나타난다.[2] 아리스토파네스의 『테스모포리아의 여인
들』〔Thesmophoriazusai〕에는 종교적으로 불경하다는 이유로 여장

---

2. A. D. Keramopoullos, Ὁ ἀποτυμπανισμός를 보라. 케라모풀로스
    에 의해 제기된 모든 주장들을 받아들이지는 않는, K. Latte, Art.
    Todesstrafe, 1606f에서는 비판적이다. I. Barkan, *Capital Punishment*,
    63-72의 판단은 매우 균형 있고, 실제 사실에 가장 가까워보인다.
    참조, J. Vergote, *Medes des Supplice*, 143; C. E. Owen, ἀποτυμπανίζω,
    ἀποτυμπανισμός ..., JThS 30 (1929), 259-66. τύμπανον이라는 단어는
    주로 고문대를 지칭하는 데에 사용되었고(마카비2서 6:19, 28), 채
    찍질 하는 장소—특히 십자가형〔σταυρός〕이 시행될 때에—에서 사용
    되었다(Vergote, a. a. O., I53f). 고문 집행관들의 창의성은 형언할 수
    있는 것보다 대단했다. L. Gernet, *Anthropologie*, 290ff., 〔302ff.〕에서
    도 이 형벌과 십자가형과의 관련성에 대하여 강조하고 있다.

한 므네실리코스를 "널빤지 위에 묶었다"(930f., 940)라는 내
용이 등장한다. 므네실리코스는 자신이 죽게 될 운명이며 까마
귀의 밥이 되어 조롱거리가 될 것임을 스스로 직감했다(938,
942, 1029). 그는 느슨하게 풀거나 더 강하게 죌 수 있는 "못"
(ἦλος)(1003)으로 안드로메다처럼 널빤지 위에 "달려"(1027,
1053, 1110), "죽음에 이르는 좁은 길에 서서 목이 잘리는 듯한
고통에 몸부림쳤다"(1054f). 이를 지켜보며 조롱하던 스키타
이의 한 궁수는 마지막으로 그의 목숨을 끊어주겠다고 위협했
다. 전체 장면에는 단 하나의 형틀(Pranger)만이 등장하지만 이
것은 십자가형과 거리가 멀지 않다.[3] 역사가이자 통치자인 사
모스의 두리스에 따르면, 페리클레스가 사모스를 점령한 후
그 도시의 10명의 지도자를 밀레투스 시장에서 "널빤지에 묶
어놓고"(σανίσι προσδήσας), 10일 동안 고통을 당하게 한 후, 몽둥
이로 두부를 내려치라고 명령했다고 한다. 이 기사는, 아테네
인들에게 호의적이었던 플루타르코스의 제안이 그러하듯, 그
렇게 불가능한 일은 아니다(Perikles 28,3). 이는 단지 "아포튐
파니스모스"(Apotympanismos)의 확장된 형태이며, 이때 10일 동

---

3. 이에 대하여 A. D. Keramopoullos, Ὁ ἀποτυμπανισμός, 27ff; I.
    Barkan, *Capital Punishment*, 66ff; L. Gernet, *Anthropologie*, 304; 참
    조, Suidae Lexicon s. v. Κύφωνες; 본서 제4장 각주 16번.

안 묶어놓았다는 것이 의심스러울 뿐이다.[4] 소포클레스의 "안
티고네"〔Antigone〕에서, 크레온은 폴뤼네이케스의 매장에 대해
알고 있는 사람들이 발설하지 않을 경우〔섭정 크레온은 폴뤼네이케
스를 배반자로 규정하고 그의 시체를 매장하는 것을 금지했다―역주〕 이들
을 단순히 죽이는 것이 아니라 "산 채로 매달 것"〔ζῶντες
κρεμαστοί〕(308)이라고 위협했다. 그리스의 희극작가 크라티노
스의 단편에 따르면 노예들은 자주 "널빤지에 묶이곤 했다."[5]
이와는 달리 메난드로스,[6] 알키프론,[7] 〔안티파네스,[8]〕 롱고스는
[9] "매다는 것"에 관하여 언급했다. 〔하지만 여기 언급된 곳들
에서 "매다는 것"은 죽이는 것이 아니라 고통을 주는 데에 그
의미가 있었다. 이 단어는 안티오코스 13세 아시아티코스(?)의
칙령에서도 동일한 의미를 지닌다. 아시아티코스는 자신의 통

4. A. D. Keramopoullos, Ὁ ἀποτυμπανισμός, 26f., 31; I. Barkan, *Capital Punishment*, 64f; P. Ducrey, *Traitement*, 212.

5. Aristophanes, *Thesmophoriazusai* 940 = fr. 341 (Kock, *Comicorum Atticorum Fragmenta* I, 112f)에 나타난 해석.

6. Perikeiromene 79 (Koerte I, 49) = 149 (Allinson, LCL, 214). 형벌
로서 노예들을 매다는 것은 통나무에 묶는 것과는 구분되었다.
Aristophanes, *Equites* 1048; Eupolis, *Demoi*; C. Austin, *Comicorum Graecorum fragmenta in papyris reperta*, 86 (fr. 1,32); Marikas, 100
(fr. 1,153)을 보라.

7. *Epistlulae* 2,13,3 (Schepers, 39f).

8. *Athenaeus* 10, 459a.

9. 4,8,4; 4,9,1 (Hercher, *Erotici Scriptores Graeci* I, 309).

치 영역에서 모든 철학자들을 추방시키면서, 이들과 한패로
드러난 청년들을 매달았던 것(κρεμήζονται)(Athenaeus 12, 547b)
이 분명하다] 알렉시스의 『타렌툼의 사람들』(Tarentinoi)에서, 주
인공은 아첨꾼 테오도토스를 "나무에 묶어"두거나 "찔러 고정
시켜 놓는 일"을 좋아했다(ἀναπήξαιμ᾽ ἐπὶ τοῦ ξύλου)(Athenaios 4,
134a). 프톨레미의 파피루스에는 "매달아 놓고"[10] "아포튐파니
제인"(ἀποτυ[μ]πανίζειν: 동사형태로 '아포튐파니스모스를 하다'는 의미를 지
닌다—역주)에 관한 기사가 나타난다. 하지만 후자는 단지 고통
을 주기 위한 것인지 실제로 죽이기 위한 것인지는 확실시하
기 어렵다.[11] 역사 편찬가 유스티누스는 마케도니아의 필립포

---

10. SB 6739 = PCZ 59202 (Edgar II, 61f), Z. 7ff., 주전 254년, 디오이케
테스(로마의 행정관—역주) 아폴로니우스가 제논에게 보낸 편지: "아메
네우스가 네가 쓴 것을 말한다면, 그는 우리를 데려다가 달 것이다"
(ὁ Ἀμμενεὺς εἴρηκως ἃ ἔργαψας πρὸς ἡμᾶς περιαχθεὶς κρεμήσεται). 아피아노스
의 글에 Κρεμαννύναι라는 단어가 "십자가로 처형하다"는 의미로 여
러 차례 나타난다. 참조, Josephus, *BJ* 7,202; Achilles Tatius 2,37,3.

11. U. Wilcken, *Urkunden der Ptolemäerzeit*, Bd. I, Berlin 1927, Nr. 119,
Z. 37. 빌켄은 이 단어를 "십자가에 처형하다"로 옮겼다. 케라모
폴로스와 관련하여서, 그 주석 562쪽을 보라. PCZ 59202에 대한
언급이 나타난다(위에 각주 10번을 보라). 하지만 여기에서는 단
순히 "죽이다"를 의미한다: "(앞서 언급되었던) ἀποκτενεῖν('죽이
다')을 부각하거나 ⋯ 상세히 묘사하기 위한 것이다." O. Guéraud,
ENTEYXEIΣ, Requêtes et plaintes adressées au roi d'Égypte au IIIe
siècle avant J.-C., Kairo 1931/32 (Nachdruck Hildescheim u. a. 1988),
Nr. 86, Z. 6, 8에서도 유사하게 간주된다: 여기에서는 "때려죽이

스를 암살한 파우사니아스가 범행 직후 즉각 체포되어 십자가
에 처형되었음을 기록하고 있다. 이때 암살 주모자 올림피아스
는 밤을 틈타 파우사니아스가 십자가에 달려있을 때에 그의
머리를 황금 월계관으로 장식했다고 한다(*Epitome* 9,7,10). 알
렉산드로스에 대한 익명의 역사서(*POxy* 1798, fr. 1)에서는 사
람들이 그를 "아포튐파니스모스"〔apotympanismos〕하도록 마케
도니아 군사들의 손에 넘겼다고 보도하고 있다〔τοῖς Μ[ακεδόσι π]
αρέδωκε[ν (?). οὗτοι δ']ἀπετυπάν[ισαν αὐτό]ν〕. 따라서 이 로마의 역사가

는 것"을 의미하는 듯하다. 이 용어의 어려움은 H. G. Liddell and
R. Scott에 반영되어 있다. 이 사전의 제9판(H. Stuart Jones and R.
McKenzie, 9. Auflage, Oxford 1940, 225)에 있는 "널빤지 위에서의
십자가 처형"〔crucify on a plank〕이라는 표현은 너무 단편적이다. Hg.
v. E. A. Barber, Oxford 1968,21에 있는 부록에는 이것을 '몽둥이로
때려죽이다'로 정정하였다. 더 깊은 의미로는 '참수하다', '무자비
하게 죽이다, 파괴하다'가 있다. "튐파논" 위에 묶인 자가 매우 다
른 방식으로 죽음에 이를 수 있기 때문에, 이 단어는 매우 다른 의
미들로 해석될 수 있다. 유대인들을 반대하는 프톨레마이오스 4세
의 칙령이 나타나는 마카비 3서 3:27은 흥미롭다: 누구든지 유대인
을 숨기는 자들은 "그 집안의 모든 사람들과 함께 가장 끔찍한 고문
을 당하게 될 것이다"〔αἰσχίσταις βασάνοις ἀποτυμπανισθήσεται πανοικίᾳ〕. 이
것은 십자가형과 유사한 처형 형태였을 것이다. 다양한 형태의 '아
포튐파니스모스를 하다'〔(ἀπο)τυμπανίζειν〕는 동사형태에 대해서는, J.
Vergote, *Modes des supplice*, 153f.f를 보라. 후대에는 십자가형과 나
란히 언급되면서 그것과 구분된다. 참조, L. Gernet, *Anthropologie*,
291ff., 302ff; P. Ducrey, *Traitement*, 210ff.

유스티누스가 "아포튐파니제인"⟨ἀποτυ[μ]πανίζειν⟩을 십자가 처형
의 의미로 이해했다는 것이 분명해진다.[12] ⟦하지만 주후 177년
리용에 수감된 그리스도인들에게 있어서 "아포튐파니제인"은
단지 '죽음에 처하게 하다'는 것을 의미할 뿐이었다(Eusebius,
Historia Ecclesiastica 5,1,47)—이때 로마 정부는 로마 시민들을
참수하였고, "나머지 사람들은 짐승들에게 먹이로 던져주다"
⟨τοὺς δὲ λοιποὺς ἔπεμπεν εἰς θηρία⟩.⟧

우리는 더 이상 '아포튐파니스모스'가 가진 정확한 한 가
지 의미를 도출하려고 고집할 필요가 없다. 그리스인들에 의해
서/대해서 십자가형이 시행된 사례는 충분히 나타난다. 플라
톤과 아마 데모스테네스도 이러한 방식의 처형 형태를 알고
있었을 것이라는 점은 이미 이상에서 다루었다(본서 제4장을
보라). 주전 397년 지방 총독 파르나바조스를 따르는 아테네의
장군 코논이 카르타고 반란자들의 지도자를 십자가에 못박았

---

12. 이에 대하여, U. Wilcken, Alexander der Große und die indischen
Gymnosophisten, APAW.PH 1923, 120-183 (151ff). 빌켄은 Diodorus
Siculus 16,94,4에 나타난 언급에 반하는 유스티누스의 설명—살인
자들의 십자가 처형에 관한—을 재평가했다. 살인자들은 도망갈 때
에 이미 죽임을 당했다는 것이다. 이는 케라모폴로스의 해석을 반
영한 것이다: "ΑΠΕΤΥΠΑΝΙΣΑΝ은 Justin IX 7,10에서 *in cruce
pendentis Pausaniae*라고 칭한 형벌을 지칭하고 있는 것이 분명하
다"(152).

다는 이야기는 잘 알려져 있지 않다. 시라쿠사의 디오뉘소스 1
세는 바로 그 당시에 그리스 출신 카르타고 용병들을 십자가
에 매달았다. 마케도니아의 필립포스 2세는 전투 중 전사한 델
포이의 약탈자 오노마르코스의 시체를 기둥에 매달아놓기도
했다.[13] **알렉산드로스 대왕**은 십자가형을 더욱 많이 시행했다.
두로 전투에서 부상을 입지 않고 살아남은 군사들의 운명이
이를 잘 보여주는 듯하다.[14]

  왕의 진노는 승리의 끔찍한 광경을 연출했다. 그의 광기로 인

13. Konon: P. Oxy 842 = FGH 66,XV,5. Dionysios I.: Diodorus Siculus
   14,53,4. Onomarchus: Diodorus Siculus 16,61,2: κατακοπεὶς
   ἐσταυρώθη; 16,35,6: ἐκρέμασε. 이것은 Pausanias 10,2,5와 Philo, *De
   providentia* 2,33 = Eusebius, *Praeparatio Evangelica* 8,14,33의 경우
   와는 다르다.
14. Justin, *Epitome* 18,3,18을 보라; Diodorus Siculus 17,16,4. 이에 대
   하여, M. Hengel, *Juden, Griechen und Barbaren*, SBS 76, 1976, 13,
   Anm. 98을 보라. 알렉산드로스가 재차 언급했던 십자가형은 다
   음을 보라: Curtius Rufus, *Historia Alexandri* 6,3,14; 참조, 7,5,40;
   7,11,28; 9,8,16 = Arrian, *Anabasis* 6,17,2; Plutarch, *Alexander* 72,3 =
   Arrian, *Anabasis* 7,14,4. 우리는 알렉산드로스의 소설에서 다리우
   스를 죽인 자들에 대한 십자가형을 볼 수 있다. Alexander, 2,23,4
   (van Thiel, 104). 그리고 다리우스의 사자를 위협하는 장면은, 1,37,3
   (54)를 보라; 여기에서 알렉산더의 이미지는 분명히 이상화되었기
   에, 그의 잔학성은 억제되어 나타난다. 참조, P. Ducrey, *Traitement*,
   213 and index, 242 s. v.

해, 배반한 2,000명을 죽이기 위한 십자가가 넓게 펼쳐진 해안 가를 따라 세워졌다. (*Triste deinde spectaculum victoribus ira praebuit regis: II milia, in quibus occidendis defecerat rabies, crucibus affixi per ingens litoris spatium pependerunt.*) (Q. Curtius Rufus, *Historia Alexandri* 4,4,17).

알렉산드로스의 소설에도 알렉산드로스의 사절을 십자가에 처형한 두로인이 나타난다(*Vita Alexandri* 1,35,6). 〔"반란을 부추겼던 브라만들과 함께 인도의 왕자 무시카누스를 그의 영토에" 매달았다는 아리아노스의 기사 역시도 십자가 처형에 관한 언급일 것이다(*Anabasis Alexandri* 6,17,2).

디아도코이들〔Diadochen/Diadochi: 알렉산드로스 제국의 계승자들—역주〕은 더욱 잔인한 관습을 받아들였다. 알렉산드로스 대왕이 죽은 후, 제국의 통치자였던 페르딕카스는 322년 카파도키아의 왕 아리아라테스와 그의 모든 일가를 고문하고 십자가에서 처형하였다고 한다〔τοῦτον ... καὶ τοὺς συγγενεῖς αὐτοῦ πάντας αἰκισάμενος ἀνεσταύρωσε〕(Diodorus Siculus 16,16,3). 하지만 아리아라테스가 전투 중 전사하였다는 또 다른 기록도 있다(31,19, 4).〕 디아도코이 전쟁〔알렉산드로스 제국의 계승자들 사이의 패권 싸움—역주〕 중, 그리스에서도 십자가 처형이 대거 사용되었다. 알렉산드로스 제국의 마지막 "통치자"〔Reichsverwers〕이자 "도시의 정복자"〔κρατησίπολις〕

라는 적절한 별명을 가지고 있었던 "전쟁광 여인", 폴뤼페르콘
의 며느리는 주전 314년 고린도 옆 도시 시퀴온의 반란을 진압
하면서 약 30명가량의 주민을 십자가에서 처형하였다(Di-
odorus Siculus 19,62,7). 11년 후, 데메트리오스 폴리오크레테스
는 아르카디아에서 오르코메노스를 습격하였고, 자신에 대하
여 "적개심을 품고 있었던" 군사 약 80명과 더불어 사령관 스
트롬비코스를 십자가에서 잔인한 방식으로 처형하고서, 곧 용
병 2,000명을 자신의 군대로 편입시켰다(Diodorus Siculus
20,103,6). 알렉산드로스와 디아도코이 시대에 마케도니아에
서 사용되었던 십자가형으로부터 내릴 수 있는 결론은 드물기
는 하지만 십자가형이 헬라군주들 사이에서도 나타난다는 것
이다. 우리는 안티오코스 3세가 전투 중 자결한 왕위 찬탈자
몰론의 시체를 "메디아 광장에서 가장 눈에 잘 띄는 곳"에 말
뚝을 박아 놓게 한 일(ἀνασταυρῶσαι)(Polybios 5,54,7)을 알고 있
다. 이는 소아시아에 자신의 왕국을 건설한 왕 아카이오스의
삼촌이 겪었던 일과 비슷했다. 그는 배신당하여 안티오코스의
손에 넘겨져 죽도록 고문을 당하고 당나귀 가죽 안에 꿰매어
진 후 매달렸다(Polybios 18,21,3). 스파르타의 왕 클레메네스
는 프톨레마이오스 왕조에 반기를 들었으나 실패한 후 이집트
로 달아나 자결했고, 프톨레마이오스 4세의 명령에 따라 클레
메네스의 시체는 아카이오스의 삼촌과 동일한 방식으로 처리

되었다(Plutarch, *Kleomenes* 38f). 무능했던 프톨레마이오스 4
세가 죽은 이후, 반란이 일어나던 시기에 왕궁의 몇몇 여인들
이 십자가에 달렸다는 유스티누스의 이야기는 물론 확실한 것
이 아니다(*Epitome* 30,2,7). 그리스의 역사가 폴뤼비오스가 이
에 대하여 아무것도 언급하지 않았기 때문이다(15,33,7ff).[15] 주
전 167년 안티오코스 4세 치하에서 율법에 충실했던 개혁자들
이 박해를 받을 때에 유대 지역에 십자가형이 있었다는 요세
푸스의 기록—헬라 자료에 의존하고 있는—은 더욱 신뢰할 만
하다(*Antiquitates* 12,256).[16] 고대에 흥미로운 일화에 따르면, 디
아도코이 중 한 명인 뤼시마코스는 퀴레네 학파(Kyrenaiker)인

---

15. K. Latte, Art. Todesstrafe, 1606은 '시리아 혁명'에 대하여 잘못 기
    록하였다. 아카이오스의 죽음(Polybios 5,54,7)에 대해서는 B. A.
    van Proosdij, *De morte Achaei*, *Hermes* 69 (1934), 347-50; P. Ducrey,
    Traitement, 213. 알렉산드로스가 죽은 이후에, 페르딕카스는 주
    전 322년에 카파도키아 왕 아리아라테스와 그의 모든 친족을 고
    문하고 십자가에 매달게 했다(τοῦτον ... καὶ τοὺς συγγενεῖς αὐτοῦ πάντας
    αἰκισάμενος ἀνεσταύρωσε)(Diodorus Siculus 18,16,3); 하지만 이 왕이 전
    쟁 중에 전사하였다는 또 다른 기록도 있다.

16. 이것에 관해서는, E. Stauffer, *Jerusalem und Rom im Zeitalter Jesu
    Christi*, Bern 1957, 123ff를 보라. 여기에서는 팔레스타인에서의 십
    자가형에 관한 설명이 페르시아시대에 있었다고 한다—이는 물
    론 비판적으로 검토할 필요가 있다; 또한 신중한 연구인, C. D.
    Peddinghaus, *Entstehung*, 38f를 보라. 참조, 모세의 승천기 8:1: "그
    는 할례를 고수하는 사람들을 십자가에서 처형했다"(*qui confitentes
    circumcisionem in cruce suspendit*).

테오도로스 아테오스를 십자가형으로 위협했다고 한다. 키케
로에 의하면, 뤼시마코스는 다음과 같이 말했다(*Tusculans*
1,102).

> 저 자색 옷을 입은 사람에게 모진 조롱과 협박을 가하라. 테오
> 도로스가 땅에서 썩든지 공중에서 썩든지 아무 관심도 없다.
> (*Istis, quaeso, ista horribilia minitare purpuratis tuis. Theodori*
> *quidem nihil interest, humine an sublime putescat*).[17]

---

17. E. Mannebach, *Aristippi et Cyrenaicorum Fragmenta*, Leiden-Cologne
　　1961, 59f에서는 이 일화에 대한 다른 판본이 나타난다. 죽음의 방
　　식이 항상 이와 같은 것은 아니다. Plutarch, *Moralia* 499D은 십자가
　　와 "말뚝형"에 대한 언급 직후에 축약된 일화를 인용한다(본서 제
　　10장 각주 1번을 보라); *Moralia* 606B에서 테오도로스는 철창 안
　　에서의 죽음으로 위협 받는다. 최초의 목격자 키케로는 그 위협을
　　즉시 십자가의 관점에서 이해했다. *Gnomologium Vaticanum* 64에
　　서, 알렉산드로스는 순교한 철학자 아낙사르쿠스를 동일한 방식으
　　로 위협했다. 이런 일화의 배경에는 경건한 자들이 고대에서 극도
　　로 중시했던 죽음 및 매장 풍습에 대한 혐오가 자리잡고 있다. Teles
　　(Hense, 31)와 여기에서 제시하고 있는 증거들을 보라. Seneca d. Ä.,
　　Controversiae exc 8,4는 전형적이다: "자연은 모든 사람에게 매장의
　　형태를 제공한다. 배를 파선시킨 파도는 선원들을 바다로 들어가게
　　하여 매장시킨다. 십자가에 달린 자의 시체는 부패한다. 그 형벌은
　　산 채로 태워진 사람들을 재로 만든다"(*Omnibus natura sepulturam dedit;*
　　naufragos fluctus, qui expulit, sepelit; suffixorum corpora a crucibus in sepulturam
　　defluunt; eos qui vivi uruntur, poena funerat). 참조, 이에 대하여, M. Hengel,
　　Nachfolge und Charisma, BZNW 34, 1968, 6, Anm. 16를 보라.

사트라본도 이와 유사한 이야기를 전한다. 곧, 문법학자 다
피타스가 아틸리돈 왕가의 한 사람을 조롱하는 풍자시를 썼다
는 이유로 페르가몬에 의해 망네시아에서 십자가에 처형됐다
는 것이다. 하지만 키케로나 다른 작가들은 이와 병행되는 전
승에서 대하여 다피타스가 절벽에서 떨어져 죽었다고 기록하
고 있다.[18]

〔디아도코이 왕들에게 복종하지 않았던 지식인들이 십자
가에 처형될 수 있었다는 것에 대한 더욱 많은 증거들은 마케
도니아의 필립포스 5세의 풍자시에 잘 나타난다. 이는 메세네
의 알카이오스의 풍자시—퀴노스케팔라이에서 패배한 필립포
스에 관한—에 대해 참지 못한 필립포스의 답가로 저작되었다.

오, 여행자여, 이 언덕 위에 이파리도 껍데기도 없는 십자가가
알카이오스를 위하여 태양 아래 우뚝 솟아있구나. (Ἄφλοιος καὶ
ἄφυλλος, ὁδοιπόρε. τῷδ᾽ ἐπὶ νώτῳ Ἀλκαίῳ σταυρὸς πήγνυται ἠλίβατος.)

---

18. Strabo, *Geography* 14,1,39. 이에 병행되는 라틴 전승은, Cicero, *De
    fato* 5; Valerius Maximus 1,8, ext. 8에 나타난다; Suidae Lexicon s.
    v. Daphitas와도 비교하라. 전승의 차이는 κρηνέναι('걸다', '십자가
    에 처형하다'; Appian, *Mithridatic Wars*, 97)와 κρημνίζειν('추락하
    다') 사이에서 비롯하였을 것이다. 전체적인 논의에 관해서는, O.
    Crusius, Art. Daphitas, PRE IV, 2134f를 보라.

(Plutarch, *Titus Flaminius* 9,4).

필립포스 왕은 알카이오스가 자신의 손아귀에 들어오면 끔찍한 일을 당하게 될 것이라고 위협하고 있다. 이 예는, 로마 시대 이전, 곧 헬레니즘 시대에 십자가 처형이 그리스어를 사용하는 동방지역에서도 국가 사범에 대한 형벌이 아니었다는 것을 보여준다. 반면, 로마 치하에서는 노예들에 대한 십자가 처형의 실례만이 더욱 빈번하게 나타날 뿐이다.〗

주전 1-2세기, 카리아의 아뮈존에서 자신의 노예에게 살해 당한 어떤 주인의 묘비에는 도시의 주민들이—로마 당국이 아니라—살해자를 "산 채로 매달아 들짐승과 맹금류의 밥이 되게 하였다"는[19] 내용이 기록되어 있다. 주전 133년 아탈루스 3

---

19. The Collection of Ancient Greek Inscriptions in the British Museum IV, 2, hg. von G. Hirschfeld/F. H. Marshall, 1916, Nr. 1036: ἀλλὰ πολῖται ἐμοὶ τόν ἐμὲ ῥέξανα τοιαῦτα θηρσί καὶ οἰωνοῖς ζωὸν ἀνεκρέμασαν. 참조, K. Latte, Art. Todesstrafe, 1606; 노예들을 "매다는 것"에 관해서는 본서 제10장을 보라. L. Robert, *Etudes Anatoliennes* 3, Paris 1937, 389 Anm. 0에는 비문 본문이 나타난 다. M. Rostovtzeff, *Gesellschafts- und Wirtschaftsgeschichte der hellenistischen Welt*, Bd. III, Darmstadt 1956, 1294, Anm. 76 = *The Social and Economic History of the Hellenistic World*, Bd. III, London 1941, 1521 Anm. 76에서는 이 처형이 아리스토니코스의 노예반란과 관련하여 나타난 것은 아닌지에 대하여 검토하고 있다. 하지만 우리가 여기에서 확인할 수 있는 것은 한 개인의 행동이다. 이 노예

세가 자신의 왕국을 로마에 넘겨주었기 때문에, 그때에 **로마의 영향력**이 미치고 있었던 것은 자명하다.

지금까지 십자가형과 말뚝형—이 둘은 밀접하게 연관되어 있다—이 대역죄나 반국가 범죄, 혹은 전쟁 상황에서 발생하는 범죄에 대하여 나타났지만, **로마시대에는 이 처형 방식들이 노예들이나 폭력범들에 대하여 지방주민들** 사이에서 흔히 사용되었다. H.-W. 쿤(Kuhn)은 주후 150년 동안의 그리스 본토와 소아시아에서 일어났던 십자가형에 관한 다소 부족한 자료들을 가지고 "십자가형이 초기 기독교에서 매우 중요했던 이 지역들에 있어서 다른 일반적인 경우들보다 흔하지 않았다"라고[20] 결론지은 것은 오도된 것이다. 우선, 우리는 저 시기의 자료를 상대적으로 적게 가지고 있다. 디온 크뤼소스토모스,[21] 아리스테데스, 티로의 막시무스와 같은 연설가들이나 플루타르코스와 같은 지식인 작가들에게 있어서 노예들이나 강도들의 십자가 처형은 흥미를 돋우는 주제가 아니었다. 그렇더라도 플루타르코

는 연회에서 만취한 자신의 주인 데메트리오스를 때려죽인 후 집을 불태웠다.

20. H.-W. Kuhn, Jesus als Gekreuzigter, 10.

21. 크뤼소스토모스는 폴뤼크라테스(17,15, 본서 제4장을 보라)의 고전적인 경우만을 언급하고 있다: "그는 쉽지 않게 죽음을 만났지만, 그 야만인들에 의해 십자가에 처형되어 죽게 된다"(μηδὲ ῥαδίου γε θανάτου τυχεῖν, ἀλλ᾽ ἀνασκολοπισθέντα ὑπὸ τοῦ βαβάρου διαφθαρῆναι).

스는 다음과 같은 사실을 분명하게 전하고 있다.

> 사형을 선고받은 모든 범죄자들은 자신의 등에 십자가를 지고
> 있다. (καὶ τῷ μὲν σώματι τῶν κολαζομένων ἕκαστος κακούργων
> ἐκφέρει τὸν αὐτοῦ σταυρόν.)[22]

기념비들과 묘비들에도 잔인한 처형 외에 다른 것들이 기
록되어 있다. 하지만 우리에게 "확실하게" 결여된 "증거들"은
[23] 그리스의 소설, 말하자면 시리아의 루키아노스의 풍자시나
에페소의 아르테미도로스가 쓴 꿈에 관한 소고(Traumbuch)[24] 내
지 의학서적이나[25] 특히 점성문학들을 통하여 충분히 보완될

---

22. Plutarch, *Moralia* 554A/B; 참조, 554D: στρεβλοῦν ἤ κρεμαννύναι
    τὸν πονηρόν. 또한 499D에 대해서는 본서 제10장 각주 1번을 보라.

23. H.-W. Kuhn, a. a. O., 10. 고대 그리스에서 말하는 "완전히 확실한
    증거"라는 개념을 정의할 필요가 있다. 여기에는 다양한 정도의 개
    연성만이 있을 뿐이다.

24. Artemidorus, *Oneirocriticon* 1,76; 2,53; 2,68; 4,33; 4,49. 점성문
    학에 대해서는, F. Cumont, *L'Égypte des astrologues* (Anm. 21),
    196ff에 나타난 수많은 증거자료들을 보라. 특별히 Ps.-Manetho,
    Apotelesmatica 1,148f; 4,197ff; 5; 219는 시사하는 바가 많다.
    본서 제1장 각주 21번을 보라. 후대의 꿈에 관한 책, Achmes,
    Oneirocriticon 90 (Drexel, 54f)에도 십자가 처형 모티프가 다양한
    형태의 처형 방식의 일환으로 나타난다.

25. Galen, *De Usu Partium* 12,11 (Helmreich II, 214): ἤ σταυρῷ

수 있다.〔이 점성문학에 따르면 안드로메다 자리는 특별히 십
자가형에 대한 위협을 상징한다. 또한 화성이나 토성과 관련된
나쁜 출생천궁도는 십자가형 내지 다른 최고 형벌들〔*summa sup-
plicia*〕에 대한 징조였다.[26]〕 당대 일상생활의 모습과 일반인들

προσηλωμένον; 참조, 또한 강도들의 시체를 매장하지 않고 언덕
에 늘어놓았다. 이때 갈레노스는 해부학적 연구를 할 수 있었다: *De
Anatomicis Administrationibus* 3 (Kuhn II, 385).

26. Manilius, *Astronomica* 5,553에서 안드로메다의 말: "그리고 순결
한 처녀를 십자가에 매달아 죽게 했다"〔*et cruce uirginea moritura puella
pependit*〕. 참조, *Liber Hermetis Trismegisti* XXV, ed. Gundel, AAM
phil.-hist. Abteilung, NF 12, 1936, 51, 25f.: *crucifixos facit propter
Andromedam*; *Catalogus Codicum Astrologorum Graecorum* VIII.
1, ed. F. Cumont, 1929, 248,16ff. Mars and Saturn: *Liber Hermetis ...*
XXVI, 79, 26-32: "토성과 화성이 동방 지평선에 있을 때에 태어난
사람은 불행한 결혼 생활을 할 것이며, 그 자신도 악하게 되어 악인
의 무리에 속하게 될 것이다. … 그리고 그들 중 많은 이들은 악마
에게 죽임을 당할 것이다. … 많은 이들이 십자가에 달리거나, 참수
를 당하고, 사지가 찢기거나, 산 채로 태워질 것이다"〔*Saturnus et Mars
in ascendente ...; et natus malum coniugium habebit et ipse erit pravus mali consilii
... et plures eorum moriuntur a daemonibus ... quoniam et cruc(i) plures affixi mortui
sunt et decollati sunt vel mutilati sunt membra vel vivi combustifuerunt*〕; 토성
과 화성은 탈주한 노예들에게도 매우 위험한 존재였다: *Catalogus
Codicum Graecorum* V. 3, ed. I. Heeg, 1910, 84. 29f: 만일 [달]이 아
레스〔화성〕 왼쪽과 크로노스〔토성〕 오른쪽에 걸리게 되면, 탈주자들
〔노예들〕은 십자가에서 처형될 것이다〔ἐὰν δὲ ὁ μὲν Ἄρης ἐκ τῶν εὐωνύμων,
ὁ δὲ Κρόνος ἐκ τῶν δεξιῶν πειέχωσιν, ὁ φυγὼν ἀνασταυρωθήσεται〕. Firmicus
Maternus, *Mathesis* 6,31,58 (Kroll/Skutsch II, 164): "그러나 만일 토
성이 이것들과 함께 발견되면, 그것은 우리에게 죽을 운명에 대

하여 보여주는 것이다. 즉, 그러한 범죄가 발각된 사람들은 아주 심한 형벌을 받게 되거나 말뚝이나 십자가에 매이게 될 것이다"〔Sivero cum his Saturnus fuerit inventus, ipse nobis exitium mortis ostendit. Nam (in) istis facinoribus deprehensus severa animadvertentis sententia patibulo subfixus in crucem tollitur〕. *Catalogus* VIII. 1, ed. F. Cumont, 1929, 176, 15f., 아주 나쁜 별자리에 대하여: "그것들〔나쁜 별자리〕은 그러한 사람들 [즉, 강도와 … 살인자들]이 십자가에서 처형될 것을 보여준다"〔καὶ ἀνασταυρούμενον δηλοῦσι, τὸν τοιοῦτον (i.e. ληστήν … καὶ ἀνδροφόνον)〕; a. a. O., VIII.4, ed. P. Boudreaux-F. Cumont, 1922, 200,12f: "태양 아래 아레스〔화성〕가 보일 때에, 그들은 십자가형을 당하든지 참수되든지 그렇지 않으면 백성들이나 폭도들이나 왕들에 의해 짐승들의 먹이로 던져질 것이다"〔μαρτυρηθεὶς δὲ ὁ Ἄρες ὑπὸ Ἡλίου, ἀπὸ ἢ πλήθους ἢ βασιλέων ἀναιρεῖ σταυρουμένους ἢ ἀποκεφαλιζομένους ἢ θηριομαχοῦντας〕; 201,22f.: "밤에 크로노스〔토성〕가 천저〔天底〕에, 아레스〔화성〕가 중천에 떠 있을 경우, 십자가에서 처형되어 새들의 먹이가 되는 자들이 있음을 가리킨다"〔ὁ Κρόνος ὑπογείῳ, Ἄρης μεσουρανῶν νυκτὸς ποιοῦσιν ἐσταυρωμένους καὶ ὑπὸ ὄρνεων βεβρωμένους〕; 참조, a. a. O., IX. 1, ed. S. Weinstock, 1951, 150,23f: "십자가에서 처형된 자의 척추에"〔μετὰ σπονδύλου ἀνθρώπου ἐσταυρωμένου〕. Firmicus Maternus, *Mathesis* 6,31,73 (II. 169); 8,6,11 (II. 298): "그들은 공개재판에서 십자가형을 받거나 다리를 부러뜨리는 형벌을 받는다"〔aut tolluntur in crucem, aut crura illis publica animadversione franguntur〕; 8,22,3 (II, 237), 본서 제7장을 보라; 8,25,6 (II, 333f): XVIII에는, "18번째 천칭자리가 우세한 사람은 누구나 황제의 명령에 의해 십자가형에 처해지거나 황제의 면전에서 고문을 당하거나 황제의 명령에 따라 교수형을 받게 될 것이다"〔parte Librae quicumque habuerit horoscopum, in crucem iussu imperatoris tolletur, aut praesente imperatore torquebitur, aut iussu principali suspendetur〕. 그러나 황제가 시민들을 십자가형에 처할 가능성만 있었던 것이 아니다. 화성과 달의 자리 아래서 폭군들 역시 동일한 운명에 처해질 수 있었다.

의 사상과 감정이 나타나있는 이러한 글들에는 이것[십자가]을 명명하는 데에 미학적인 거부감이 덜하다. 우리는 당시 로마의 갈리아 지방과 스페인—갈바에 관한 언급은 제외하고(본서 제 8장을 보라)—과 북아프리카, 도나우 지역에서 십자가형에 대하여 얻을 수 있는 "아주 확실한 증거"가—쿤이 동방에서 놓쳤던 증거들—무엇인지 물을 필요가 있다. 저곳들에서도 십자가형은 아주 드문 처형방식이었을까? 결론적으로 말하자면, 바울이 영향력을 미쳤던 것으로 우리에게 알려진 장소들은 로마 권역의 중심이었다. 고린도, 빌립보, 트로아스, 비시디아의 안디옥, 뤼스트라, 이고니아는 (적어도 하드리아누스때부터) 로마의 속주였고, 시리아의 안디옥, 데살로니가, 고린도에는 로마의 지방 장관이 있어 로마의 법이 시행되었고 특히 큰 사건에 대해서는 더욱 그러했다. 바울 자신도 로마시민권자로서 로마의 처형 법 및 자신의 권리에 대하여 잘 알고 있었다(행 25:11-12). 더욱이 동방지역에서 시행된 십자가 처형에 대한 증거들로부터 우리는 로마제국의 그리스어권 지역에서도 모든 노예들과 하층민들이 십자가형에 대하여 매우 잘 알고 있었다고

Catalogus XI, 1, ed.C. O. Zuretti, 1932, 259,8: τὸν τύραννον ἑαυτὸν ἀπαρτᾶν λέγε ἢ σταυρούμενον. 참조, F. Cumont, a. a. O., 296ff., (본서 제1장 각주 20번을 보라); Ps.-Manetho, *Apotelesmatica* 1,148f; 4,197ff; 5,219ff., 위의 각주 20번을 보라.

결론내릴 수 있다. 물론 여기에 다른 견해가 있을 수 있다. 민족의 해방운동에 동조했던 팔레스타인의 하층민들은 십자가형을 제국의 폭군들이 행사하는 두려움과 공포의 억압 수단으로 보았지만, 그리스 도시의 대다수 주민들은 이를 혐오스럽다는 점에서 반대하면서도, 그럼에도 불구하고 강도나 흉악범, 노예 반란에 대한 안전과 질서유지 차원에서 반드시 필요한 도구라고 생각했다. 동방지역에서 내란이 종식되고 원수정이 시작됨에 따라 안정이 되었고, 치안과 경제 발전이 고조되었다.

또한 전체적으로 볼 때 이 지역의 십자가형에 대한 증거들은 그렇게 부족하지 않다. 주전 97년 소아시아 지역의 집정관 출신 지방총독 퀸투스 무키우스 스카이볼라는 세금징수 청부원인 노예에게 자유를 주기 직전에 십자가에서 처형했다(Diodorus Siculus 37,5,3).[27] 주전 88년, 브라이티우스 수라는 제1차 미트리다테스 전쟁 중에 스키아토스 섬을 정복한 후 미트리다테스를 섬기는 노예들을 십자가에서 처형했다(Appian, *Mithridatic Wars* 29). 주전 75년, 페르가몬에서 해적들을 십자가에서

---

27. 그에게 자유를 주는 것은 "최고의 형벌"을 불가능하게 하는 것이었다. 본서 제6장을 보라. 폰투스의 글에 나타난 미트리다테스의 십자가 처형에 대해서는, 본서 제4장 각주 11번을 보라.

처형한 카이사르의 이야기도 유명하다.[28] 아무래도 이차적인 개작으로 발생한 것이겠지만, 수에토니우스(*Iulius* 74,1)는 카이사르가 "온정"(*clementia*)을 가지고 해적들의 고통을 덜어주기 위해 십자가에 달기 전에 목을 베었다는 비화에 관심을 보였다(*iugulary prius iussit, deinde suffigi*). 클라우디우스는 로도스 사람들이 "몇몇 로마인들을 십자가에 달았다"(ὅτι Ῥωμαίους τινὰς ἀνεσκολόπισαν)(*Dio Cassius 60,24,4*)는 것을 이유로 로도스 섬의 자유를 제한하였다. 로도스는 "동맹과 자유의 도시"(*civitas foederata atque libera*), 곧 거의 250년간 로마의 신실한 우방국으로서 자치권을 가지고 있었다. 하지만 이 사건의 배경은 분명하게 밝히기 어렵다.[29] 수에토니우스에 따르면, 도미티아누스는 타르수스의 작가 헤르모게네스의 몇몇 작품에 반역의 기미가 보

---

28. Plutarch, *Caesar* 2,2-4; Valerius Maximus 6,9,15.

29. Dio Cassius 60,24,2. M. P. Charlesworth, in: *The Cambridge Ancient History*, Bd. X, 21952, 682에서는, "폭동이 일어났을 때 몇몇 로마 시민들이 십자가에서 처형되었다"라는 사실을 추측하고 있다. D. Magie, *Roman Rule in Asia Minor I*, Princeton 1950, 548도 이와 유사하다. 제2권, 1406에서는 Tacitus, *Annals* 12,58,2에서 보도하고 있는 주후 53년의 사건과 동일한 "소동"(*seditio*)을 가리키고 있다: "로도스인들은 군사 원정과 국내의 소동 사이에서 종종 잃기도 하고 확립하기도 했던 자유를 되찾았다"(*redditur Rhodiis libertas, adempta saepe aut firmata, prout bellis externis meruerant aut domi seditione deliquerant*). 아마 이 소동은 로도스인들이 단지 자유 시민(*civitas libera*)으로서 자신들의 자주권을 보여주기를 원함으로 인한 것일 수 있다.

인다는 이유로 처형시켰고, 그것을 받아쓴 노예들 역시도 십
자가에 달아 처형시켰다(Domitian 10,1).[30] 나는 이집트의 증
거자료로부터 주후 1세기의 한 재판과정에 관한 기록을 발견
했는데, 아쉽게도 그 문헌은 매우 파편적이었다. 여기에는 로
마의 고위 관리―추정컨대 알렉산드리아에서―앞에서 이루어
진 네 명의 피고인에 대한 심문이 담겨있다. 이 피고들 중 한
명이 채찍질을 당했는데, 심문 기록 마지막 부분에 이 사람에
대한 십자가 처형이 언급된다(σταυροποίαν [π]είσεται).[31] 이 문헌의

---

30. 이것이 로마와 동방 지역 어딘가에서 발생했는지 여부는 불명확하
다.

31. P. Oxy 2339; 여기에서는 실제 재판과정을 공개적으로 다루고 있다.
'악타 알렉산드리노룸'(*Acta Alexandrinorum*: 알렉산드리아 사람들의 순교기
록) 문학에는 십자가형이 나타나지 않는데, 이는 이 혐오스러운 형
태의 처형 방식이 알렉산드리아의 명망 있고 존경받는 시민계급 하
층에서만 적용되었기 때문일 것이다. 프톨레마이오스 시대로부터
알렉산드리아에서 시행되었던 두 가지 형태의 태형이 있었다. 두
가지 중 더욱 심한 것은 채찍질로서 오직 하층 계급의 범죄자들에
게만 시행되었다. 플락쿠스는 이 방식으로 유대 원로원 의원 38명
을 처벌하였다(Philo, *In Flaccum* 75). 한 재판 기록에 등장하는 이집
트식 이름을 가진 사람은 채찍질을 거부했다―채찍질은 위법행위
이자 전쟁의 승리를 위협하는 것이라고 주장했다. R. Taubenschlag,
The Law of Greco-Roman Egypt in the Light of the Papyri, Warsaw
21955, 434, Anm. 25 nennt (BGU 1024,8-11)에서 십자가형으로 추
정되는 한 형벌은 사실상 칼로 처형되는 형벌이었다. 물론 우리는
이집트에서 있었던 사형선고에 대한 아주 적은 기록만을 가지고 있
을 뿐이다.

편집자는 이 대목을 그리스적-유대적 불안과 관련지었다. 십
자가형은 요세푸스가 증언하듯 아주 흔한 처형 방식이었지만,
불안감을 가중시키기에 충분했다(*BJ* 2,489). 필론은 유대인들
이 카리굴라의 치하에서 이집트의 수도에 있는 원형경기장에
서 고문을 당하고 십자가 위에 처형되었다고 보도한다(*In
Flaccum* 72,84f). 주후 2세기의 것으로 추정되는 에베소의 크
세노폰의 소설에서는 주인공이 불행하게도 거짓된 고발로 인
해 이집트의 지방 장관에 의하여 십자가에 매달리게 된다. 하
지만 십자가에 달린 자는 이내 나일강 신에 의해 기적적인 방
식으로 구출된다. 후에 밀고자이자 남편을 살해한 여인은 응분
의 대가를 치르게 된다.[32]

　또한 그리스 소설에는 이 주제가 일반적으로 간결한 언어
로 나타난다. 남주인공이나 여주인공의 십자가는 고정된 주제
인데, 헬리오도로스의 『에티오피아인 이야기』(*Aithipiaka*)로 대
변되는 수준 높은 대중문학 형태에서만 그러한 잔인함을 조롱
한다. 시리아의 얌블리코스가 쓴 『바벨론 이야기』(*Babyloniaka*)
에서 주인공은 이 공포스러운 형벌을 두 차례 당하지만, 십자
가에서 내려와 자유롭게 되었다.[33] 이미 언급한 에베소의 크네

---

32. *Ephesiaca* 4,2,1ff; 4,4,2 (Hercher, *Erotici Scriptores Graeci* I, 374f.,
　　377).

33. Photius, *Bibliotheca*를 따라, Iamblichus, *Babyloniaca* 2 und 21

소폰에 나타나는 주인공 하브로코메스는 처음에는 거의 죽기
에 이르기까지 고문을 당한 다음, 급기야 십자가에서 처형당
했다. 심지어는 그의 연인 안테아도 한 차례 십자가 처형의 위
기를 맞게 된다. 그녀가 정당방위로 한 강도를 죽였기 때문이
다.[34] 하지만 어떤 경우에도 영웅들〔혹은 주인공들〕은 이 수치스
럽고도 고통스러운 십자가의 죽음을 당하도록 허용되지 않는
다―이는 악인들에게만 일어날 수 있는 일이다.[35] 주후 1세기에
활동한 것으로 추정되는 아프로디세우스의 카리톤은 노예를
처벌하는 방식으로서의 십자가형을 생생하게 묘사했다.〔이 소
설에 따르면〕총독 미트리다테스가 관할하는 영역에서 16명의
노예가 자신들의 숙소를 떠나 도주했지만, 이내 붙잡혀 목과
발에 사슬이 묶인 채 각기 십자가 형틀을 끌고 형장을 향하게
되었다. "사형 집행관들은 나머지들[노예들]에게 잔인함이 무
엇인지 본보기를 보여준 이후에 사형을 집행했다." 이는 이 전

(Hercher I, pp.221, 229).

34. Xenophon, *Ephesiaca* 2,6; 4,2,1ff; 4,6,2 (Hercher 1, 351f., 374f, 378).

35. Xenophon, *Ephesiaca* 4,4,2 (Hercher I, 277): 자신의 남편을 살해한
퀴노; *Chariton* 3,4,18 (Hercher II, 57): 칼리로에의 무덤에서 (칼리
로에를 노예상인에게 팔아넘긴) 강도 테론; 참조, 알렉산드로스의
소설에 나타나는, 죽은 통치자들의 무덤 위에서 다리우스를 살해한
자들을 십자가에 처형한 것에 관해서는, 본서 제10장 각주 14번을
보라.

체적인 처형 과정이 무엇보다도 〔노예들을〕 억압하기 위하여 고 안된 것임을 보여준다. 소설의 주인공은 결국 십자가 위에 못 박히기 직전에 극적으로 구출된다.[36]

죽은 자가 지하세계에 도착하게 되는 과정을 그린 **루키아 노스**의 작품이나[37] 이 처형 방식이 상대적으로 자주 등장하는

---

36. *Chariton* 4,2,6ff; 4,3,3ff; 참조, 5,10,6 (Hercher II, 72f., 75, 103). K. Kerényi, *Die griechisch-orientalische Romanliteratur inreligionsgeschichtlicher Beleuchtung*, Darmstadt ²1962에서는 그 리스 소설에 나타나는 십자가 처형과 고통 모티프에 대하여 상세 히 다룬다(109ff; 123ff; 십자가에서의 구원과 변화(Verklärung)). 하 지만 고대 이집트의 오시리스 기둥은 십자가 모티프의 기초가 된다 (110ff). 그런데 그의 영지주의 문헌에 대한 언급은 오도되었다. 고 대 소설 작가들은 '범죄와 성, 종교'에 관하여 자신들의 경험으로부 터 흥미롭게 기술하고자 했지만, 그들이 어떤 신비한 것을 숨기려 고 했던 것은 아니었다. R. Merkelbach, *Roman und Mysterium in der Antike*, Munich and Berlin 1962, 180에 나타난 의견은 더욱 제한적 이다. 여기에서는 십자가형을 '자격 검증 시험'(참조, 191쪽)으로 보 려 했다. 하지만 이것은 개연성이 너무 없다. 십자가형은 단순히 영 웅을 위협하는 최고의 방편이며, 이를 통해 긴장감은 절정을 향해 치닫는다. A. D. Nock, *Essays on Religion and the Ancient World*, Bd. I, hg. Z. Stewart, Oxford 1972, 170에 나타난 Kerényi의 비판을 보라. 그는 십자가가 신비한 것에 어떠한 역할도 하지 않음을 바르게 지 적했다: 오시리스는 십자가에서 처형되지 않았다.

37. *Cataplous* 6: "법정으로 결과를 가져오라. 나는 '튐파논'과 십자 가형으로 죽임을 당한 사람들을 말하고 있다"(τοὺς ἐκ δικαστηρίου ... παράγαγε, λέγω δὲ τοὺς ἐκ τυμπάνου καὶ τοὺς ἀνεσκολοπισμένους). 참조, *De morte Peregrini* 45; 〔Sextus Empiricus, *Adversus Mathematicos* 2,30

디오게네스의 위서 같은 작품들은[38] 십자가형의 의미가 그리
스어권 세계에서 결코 무시—쿤이 추정했던 것처럼—될 수 없
다는 것을 보여준다. 루키아노스의 대화편 『피스카토르』(Pisca-
tor) 제2장에서 소크라테스에 의해 소집된 철학자들이 어떻게
자유사상가 파르헤시아데스를 죽일 것인지에 대하여 논의하
는 장면이 나온다. "나는 그를 십자가에 달아야 한다고 생각합
니다." 이것이 사상가들 사이에서 나온 첫 번째 제안이었다. 다
음 사람이 이에 동의했다. "제우스의 이름으로 동의합니다. 그
런데 채찍질을 하기 전에 먼저 눈을 뽑고 혀를 자릅시다." 이
는 플라톤이 의로운 자의 십자가 처형에 관하여 시사했던 것
과는 거리가 있다고 볼 수 있다(본서 제4장을 보라). 어떤 경우
든 십자가형이 누구나 동의하는 최고의 형벌(summum supplicum)
이었다는 것은 분명하다. 더욱 확신하게 해주는 이상의 증거들
에 비추어 볼 때, 우리는 동방의 그리스어권 세계에서 십자가
처형이 서방 라틴어권 세계에 못지않게 공포스럽고도 혐오스

에서는, 십자가형이라는 단어가 없는 곳에 단지 "감옥"과 "튐파논"
만 언급된다.

38. Diogenes, *Epistulae* 28,3 (Hercher, 242): "많은 사람들이 십자가에
달려있고, 많은 사람들이 사형 집행관에 의해 목이 잘렸다"(οὐκοῦν
πολλοὶ μὲν τῶν σταυρῶν κρέμανται, πολλοὶ δὲ ὑπὸ τοῦ δημίου ἀπεσφαγμένοι ...). 참
조, 이 일화는, Diogenes Laertius, *Vita Philosophorum* 6,45에서 기인
했다.

러운 형벌—특히 하층민들 사이에서—로 잘 알려져 있었다고
결론지을 수 있다.[39]

　〔이 모든 것은 우리를 부인할 수 없는 다음의 결론으로 인
도한다. 바울이 자신의 선교사역 가운데 "십자가에 달리신 그
리스도"(고전 1:23, 2:2; 갈 3:1)에 대하여 설파할 때 예루살렘
과 일루리온(롬 15:19) 사이에 있었던 동방의 그리스어권 청중
들은 이 "그리스도"—바울에게 있어서 이 칭호는 이미 고유명
사다—특별히 잔인하고도 고통스러운 죽음을 당했다는 것을
알고 있었다. 이 십자가의 죽음은 통상 중범죄자들이나 로마에
반역한 노예들이 겪는 것이었다. 이러한 십자가에서 처형당한
유대인, 예수 그리스도가 진실로 땅 위에 보내진 신적 존재이
자 하나님의 아들, 만물의 주, 도래할 세상의 심판자라는 선언
은 어느 정도 교육을 받은 사람들에게 있어서 틀림없이 "미치
고도" 참람한 발언으로 받아들여졌을 것이다.〕

---

39. 나는 고대 그리스 전통에서 십자가 처형이 부차적으로 다루어지고
있는 증거들을 따로 빼두었다. 예를 들어, Hyginus, *Fabulae*, 194에
는 치터연주가〔Zitherspieler: 하프와 같은 고대 그리스의 현악기—역주〕아리
온과 해적들이, 257에는 셀리눈테의 팔라리스와 피타고라스의 두
친구에 관한 이야기가 있다—이는 쉴러〔Schiller〕가 자신의 민속 담시
에 개작하여 사용했다.

제11장
유대인들에게 있어서의 십자가 처형

유대 지역과 유대전승에 있어서 십자가형의 역사는 하나의 독립된 연구로 다룰 필요가 있다. 이에 나는 "이방인들"(고전 1:23)에게 있어서 십자가의 "어리석음"〔μωρία〕을 의도적으로 전면에서 다루었다. H.-W. 쿤이, 고린도전서 1:23과 갈라디아서 5:11에 나타난 바, 유대인에게 있어서의 "십자가의 거리낌"〔σκάνδαλον τοῦ σταυροῦ〕을 가리켜 신명기 21:23에 기초한 종교적 특징이라고 강조했던 것은 전적으로 옳다.[1] Y. 야딘〔Yadin〕은 쿰란의 성전두루마리를 통해 헬레니즘-하스몬 시대에 시행되었던 〔유대 지역의〕 십자가 처형이 대역죄인들을 위한 사형제도였다는 것을 밝혔다. 바로 이러한 이유에 근거한다면, 〔유대 지역

---

1. H.-W. Kuhn, Jesus als Gekreuzigter, 36f. 이 문제에 대하여, 본서 추기에 있는 D. W. 챔프먼〔Champman〕의 작품을 보라.

의) 십자가형은 비-유대세계에서 비롯하였다고 볼 수 있을 것
이다. 이는 로마에서 심각하게 "반역한"[perduellio] 경우에 "비
운의 나무에 매다는 것"[arbori infelici suspendere]과 일치한다.[2] 반
란을 일으킨 사람은 누구나 극한 방식으로 수치를 당해야 했
다. 이는 알렉산드로스 얀나이오스가[3] 800명의 바리새인들을
십자가에서 처형한 사건과 이미 미쉬나에서 전해내려 오는 진
기한 기록, 곧 [산헤드린의 지도자] 쉼온 벤 쉐타흐가 [바리새파의 전
통에 반하여] 아쉬켈론에서 "마녀" 70명 내지 80명을 "매단" 사
건을 잘 설명해준다(나는 이 일화에 바리새파들이 얀나이오스
사후 살로메 여왕 치하에서 보였던 친-산헤드린 반응에 대한

---

2.   Y. Yadin, *Pesher Nahum*. 여기에 나타나는 J. M. 바움가르텐[Baumgarten]
      에 대한 반대는 확신하기 어렵다.

3.   Josephus, *BJ* 1,97f; *Antiquitates* 13,380-3, 참조, *BJ* 1.113; *Antiquitates*
      13,410f; J. M. Allegro, *Qumran Cave 4*, Bd. I (DJDJ V), Oxford 1968,
      37-42, Nr. 169 (4QpNah 3-4 col. I,4-9)를 보라; 또한 J. Strugnell,
      Notes en marge du volume V des "Discoveries in the Judaean Desert
      of Jordan", *RdQ* 7 (1969/71), 163-276 (207)를 보라. 십자가에서 처
      형된 사람들을 앞에 두고 베푼 얀나이우스의 연회에 대해서는,
      Iamblichus, *Babyloniaca* 21 (Hercher I, 229)를 보라: 가르모스 왕은
      화환으로 장식하고 춤을 추면서, 영웅의 십자가 앞에서 피리연주가
      들과 더불어 만찬을 즐겼다. 십자가에 처형된 사람들 앞에서 아내
      와 자녀들을 죽인 사건에 대해서는, Herodot 4,202,1와 9,120,4를 참
      조하라.

적의가 감추어져 있다고 본다).[4] 더욱 더 눈에 띄는 것은 헤롯이 나중에 이 처형방식을 폐기했다는 것이다. 요세푸스(또는 요세푸스가 참고한 자료의 주된 출처인 다마스쿠스의 니콜라오스)에 의해 보도된 헤롯 시대의 십자가 사건이 하나도 없는 것은 우연이 아니다. 헤롯 대왕이 하스몬의 관습과 거리를 두기를 원했을까? 많은 사람들을 죽인 헤롯이 인도적인 고려를 하지 않았음은 분명하다. 로마가 유대 지역에서의 '평화로움'을 지속하기 위해 십자가형을 과도하게 사용했기에, 로마의 직접적인 통치가 시작된 이래로 유대인들은 사형 방식으로서의 십자가형을 기피하게 되었던 것이다. 이 변화는 신명기

---

4.   Mishnah, *Sanhedrin* 6,5, 참조, j.Sanh. 23c. 후대의 랍비 법전통과 완전히 모순되는 이 전승은 단순히 허구적인 것으로 볼 수 없다. 나는 이것을 바리새파에 반대하려는 의도가 숨겨져 있는 전승으로 본다. 그 내막을 알고 있는 사람들은 그것의 의미를 잘 알 것이다. Josephus, *BJ* 1,113와 특히 *Antiquitates* 13,41은 바리새인들이 피의 복수를 했다는 사실을 보여준다. 그들이 얀나이우스에게 강경한 방책들을 일깨워준 사두개파 참모들을 십자가에서 처형한 것은 분명하다. 이에 대해서 상술하고 있는, M. Hengel, *Rabbinische Legende und frühpharisäische Geschichte. Schimeon b. Schetach und die achtzig Hexen von Askalon* (AHAW.PH 1984/2, Heidelberg 1984), 27-36: 유대 전통으로서의 십자가 처형. "대역죄"로서 "매다는 것"에 대해서는, 민 25:4에 대한 *Targum Jonathan* II; M. Hengel, *Nachfolge und Charisma* (BZNW 34), Berlin 1968, 64 Anm. 77 = Ders., Kleine Schriften V (Anm.9), 101 Anm. 215.

21:23에 대한 랍비의 해석에서도 추측할 수 있다. 바루스는 이미 2,000명의 포로를 예루살렘 주변에서 처형한 바 있고,[5] 파멸의 해인 주후 70년에는 이러한 비참한 상황이 절정에 달했다. 그럼에도 불구하고 십자가형은 유대인의 고통에 대한 상징이 될 수 없었다. 신명기 21:23의 영향이 이를 불가능하게 했다. 그렇기 때문에 십자가에 달린 메시아 역시 받아들여질 수 없었다.

초기 그리스도인들의 설교가 특별히 모국에서 거리끼는 것으로 작용했던 이유가 여기에 있다. 이러한 방식으로 이 십자가에 달린 신실한 자가 어찌하여 유대의 순교자 열전에 들지 못했는지 설명될 수도 있다. 십자가는 예수와 제자들의 수난의 상징이 되었다—우리가 탈무드 문헌들에서 후기 로마시대에 유대인들의 십자가 처형에 관한 언급들을 가지고 있을지라도 말이다.

---

5.   본서 제4장 각주 17번을 보라. 참조, 모세의 승천기 6:9: "그는 사람들을 그 정복 도시 주변에서 십자가에 못박았다"(aliquos crucifigit circa coloniam eorum).

제12장
요약 및 결론

우리는 바울의 "십자가의 말씀"〔λόγος τοῦ σταυροῦ〕의 "어리석음"〔μωρία〕이라는 진술을 더욱 잘 이해하기 위하여 그리스-로마 세계의 십자가형 사용에 관해 간략하게 살펴보았다. 결론적으로 다음의 몇 가지 사항들을 이야기하고자 한다.〔나는 물론이 연구가 본질적인 면에 있어서 불완전하다는 것을 잘 알고있다. 왜냐하면 바울 저작들에 나타난 십자가에 관한 증언들을이 끝에 와서 비로소 다시 한 번 상세히 주석할 필요가 있기때문이다. 이렇게 나는 신학적인 해석 작업이 시작되어야 할시점에 멈추려 한다. 앞의 장들은 바울의 십자가 신학〔theologia crucis〕을 제시하기 위한 '역사적 예비단계'에 지나지 않는다. 그렇기에 내가 여기에서, 역사적 결과들을 요약하면서 어떤신학적인 방향의 지속적인 발전 가능성만을 단순히 내비치기만 하더라도 양해해 주기를 바란다.〕

1. 고대세계에서 십자가형은 **놀라우리만큼 널리** 시행되었다. 이 형벌은 변화된 형태로 고대 세계의 수많은 민족들에게 나타나며, 그리스인들 사이에서도 발견된다. 사람들은 십자가 처형의 잔학성을 충분하게 인지하고 있었음에도 불구하고, 이를 중단하려 하지도, 결코 중단할 수도 없었다. 십자가 처형은 "고상한 단순함과 고요한 위대함"〔edeln Einfalt und stillen Größe〕이라는 〔빙켈만〔Winckelmann〕의 언어로 표현된〕 고대의 이상적인 십자가 상과 심각하게 모순된다. 오늘날의 시대가 더욱 인간적이며 진보되었다는 것을 자랑한다 하더라도, 사형과 고문, 공포는 세계적으로 줄어드는 것이 아니라 오히려 늘어났다. 따라서 우리가 이 고대의 모순을 극복했다고 할 수 없을 것이다.

2. 십자가형은 **정치적·군사적** 형벌이었다. 페르시아인들과 카르타고인들 사이에서는 특히 고위 장교나 사령관, 당연히 반역자들에게도 십자가형이 시행되었고, 무엇보다도 로마인들 사이에서는 "시민권자가 아닌" 하층민들, 말하자면 노예들이나 폭력범들, 반역한 지방이나 특히 유대 지역에서 소동을 일으키는 자들에게 주어졌다.

3. 십자가 처형이 사용된 주된 근거는, 추정컨대, 이를 공개적으로 시행했을 때에 얻을 수 있는 범죄 **억제책**으로서 최대의 효과를 볼 수 있었기 때문이었다. 십자가에서 처형된 자는 일반적으로 그의 범죄에 합당한 대가를 치른 범죄자로 간주되었

다. 사람들은, 이 처형 방식을 포기하는 것은 국가의 권위와 현존하는 질서를 저해하는 일이라고 생각했다.

4. 더불어 십자가형은 **원초적인 복수심**을 만족시켰을 뿐 아니라 각각의 통치자들이나 대중들의 **사디즘적인 잔인함**을 만족시켰다. 십자가 처형에 있어서 서로 다른 형태의 고문—적어도 채찍질—이 동반되었다. 비교적 적은 경비를 들이고 대중으로부터 큰 효과를 얻기 위하여 여러 날 동안 범죄자들에게 형언할 수 없는 고문을 가해 죽일 수도 있었다. 십자가형은 당대 인간들 안에 내재해 있는 비인간성에 대한 구체적인 표현이었다—오늘날에도 사형제도나 인민재판, 가혹한 형벌이 보복에 대한 표현으로서 요구된다. 십자가 처형은 저 너머에 있는 악에 대한 표상이자 인간이 가진 악마적인 잔인성과 야만성을 드러내는 처형 방식이었다.

5. 더 나아가 범죄자를 **벌거벗긴 채** 눈에 띄는 장소—공개적인 광장이나 극장, 높은 언덕, 혹은 범행 장소—에 공개적으로 전시함으로써 **범죄자의 수치를 극도로 드러낸다**는 데에도 십자가형의 의미가 있었다. 십자가형은 또한 **거룩성의 차원**에서도 어떤 의미를 가지고 있었는데, 유대인들은 특별히 신명기 21:23에 의거하여 이를 잘 알고 있었다. 이 처형 방식은 다른 어떤 처형 방식보다도 결코 억누를 수 없었던 고대의 인신제사 사상과 가까이 연결되어 있었다. 우리가 사는 이 세기에서

도 국가적인 우상이나 '올바르다' 하는 정치적 세계관을 위해 희생되는 대중들은, 오늘날에도 '인신제사'에 대한 비이성적인 요구가 여전히 존재한다는 것을 보여준다.

6. 십자가에서 처형된 자에게 이따금 **매장이 허락되지 않았다는 점**은 이 형벌의 가혹성을 더욱 부각시킨다. 들짐승이나 맹금류가 십자가에 달린 자를 먹이로 삼는 것은 전형적인 것이었다. 이로써 범죄자의 수치는 극에 달했다. 현대인들은 고대 세계에 한 사람의 매장이 거부되었다는 것이 얼마나 불명예스러운 것인지 상상할 수 없을 것이다.

7. 로마시대에 십자가 처형은 무엇보다도 위험한 중범죄자들이나 가장 낮은 하층민들에게 시행되었다. 이들은 일차적으로 "사회법 권역 밖에" 있었던 자들이거나 인간으로서의 권리를 박탈당한 노예들이었고, 다른 말로 하자면 이들은 국가의 법과 질서를 수호하기 위하여 온갖 방법들을 동원하여 억압해야 할 필요가 있었던 집단이었다. 로마의 다른 계층들은 국가가 가져다준 주민의 안녕과 전방위적 평화를 열렬히 반겼다. 전반적인 대중들의 의식 속에서 십자가에서 처형된 자들은 특히 사회적·윤리적 비난의 대상이 되었고, 종교적인 요소들이 가미되면서 이러한 인상은 심화되었다.

8. 십자가에서 희생당한 수많은 사람들의 극한 고통에 관한 주제를 비평하거나 **철학적으로 사유**하려는 시도는 상대적으

로 거의 없었다. 그나마 우리는 이를 지혜자의 "아파테이아"
〔Apatheia: 격정(파토스)에 휘둘리지 않는, 해방된 감정 내지 상태—역주〕에
관한 스토아학파의 교훈에서 발견할 수 있다. 이와 같은 경우
에 십자가 위에서 죽어가는 사람의 고통은 메타포가 된다. 지
혜자는 죽음—영혼을 결박하고 있는 육체로부터 영혼이 자유
롭게 되는 것—을 통해 자유롭게 되는데, 이때 십자가는 비유
로서 저 죽음의 고통을 가리킨다. 이와는 달리 고대 소설에서
십자가는 흥미를 유발시키는 화젯거리로 사용되었다. 여기에
서 실제로 고통이 가해지지는 않았다. 영웅들이 십자가에 달리
는 것은 독자들에게 박진감을 조성하기 위한 것이었다. 이 긴
장은 십자가에 달린 자가 풀려남으로써 해소되고, 이야기는
반드시 "해피엔딩"으로 맺어진다.

　9. 십자가에 달린 메시아에 관한 최초기 기독교의 메시지는 형
언할 수 없는 고난을 당하고 죽음에 이르게 된 자들의 고통을
하나님의 사랑과 '결속'시킨다. 이는 고대의 자료들에서도 발
견된다. 우리가 측량할 수 없는 '수난기사'는 세기를 거듭하며
지금까지 내려왔다. "하나님의 아들" 안에서, 하나님께서는 스
스로 "노예의 존재"〔개역성경에서는 "종의 형체"—역주〕를 취하시고,
고통의 나무 위에서 "노예의 죽음"으로 죽으셨다(빌 2:8).〔수
치(히 12:2)와 "율법의 저주"(갈 3:13)를 개의치 아니하셨기에,
결국 "하나님의 죽음" 안에서 생명은 죽음을 정복하게 되었다.

다시 말하자면, 하나님은 나사렛 예수의 죽음 안에서 자신을 극도로 비참한 인간과 동일시시키셨다. 예수는 우리에게 하나님의 자녀가 되는 자유함을 주시기 위하여 우리 모두의 대표자로서 죽음을 당하셨다.

> 자기 아들을 아끼지 아니하시고
> 우리 모든 사람을 위하여 내주신 이가
> 어찌 그 아들과 함께 모든 것을
> 우리에게 주시지 아니하겠느냐? (롬 8:32).

이러한 하나님의 극단적인 자기비하는 복음 선포에 있어서 새롭고도 혁명적인 요소가 되었다. 이는 모욕적인 것이다. 하지만 이 모욕 안에서 하나님의 자기비하는 복음의 핵심으로 드러난다. 예수께서 십자가 위에서 죽으셨다는 것은 고통과 희생을 위하여 한 인간이 보일 수 있는 극한의 순종을 의미한다. 이는 제자를 부르시는 윤리적 모델 그 이상의 것이다. 물론 여기에는 그 모든 것들이 포함되기는 하지만 말이다. 우리가 여기에서 가지고 있는 것은 하나님 자신의 소통방식, 곧 우리의 구원의 기초를 놓으시는 하나님의 자유로운 활동이다. 스토아 학파와 같은 고대 사상 안에서는 십자가 처형을 여전히 윤리적이고 상징적으로 해석할 수 있었다. 하지만 죽음의 권세를 깨뜨리고 온 인류에게 구원을 가져다주기 위하여 하나님 자신이 십자가에 달린 한 유대인 일꾼의 죽음을 받아들이셨다는 주장은 고대인들에게 어리석고 미친 것처럼 보였을 것이다. 여전히 오늘날에도 이 모욕의 문제를 순수 신학에서 다룰 필요가 있다.〕

10. 바울이 십자가에 달린 자에 관한 메시지의 "어리석음"을 이야기할 때, 암호나 추상적인 기호를 사용한 것이 아니라, 자신의 선교사역에 있어서 마주치게 된 모진 경험들—특히 비유대인들 사이에서 전한 자신의 사도직에 관하여 설교했을 때의 반응—을 표현하고 있는 것이다. 무엇보다도 논쟁적인 상황에서 바울이 십자가에 관하여 언급하고 있는 이유는 십자가가 모욕적인 것임을 약화시키려 했던 바울의 대적자들을 자극하기 위함이었다. 어떤 면에서 "십자가의 말씀"은 바울 메시지의 창끝이다. 바울은 십자가를 여전히 실제적이며 잔인한 처형도구이자 예수의 피를 쏟게 한 기구로 이해하고 있기에, 예수의 대속의 죽음 내지 예수의 피에 관한 이 형식은 "십자가의 말씀"과 분리될 수 없다—말하자면, 창끝으로 창을 꺾을 수는 없는 노릇이다. 이 사도에게 예수의 죽음에 대한 콤플렉스〔Komplex〕가 유일한 실체였다. 바울은 예수께서 소크라테스처럼 독배를 마시고 평온하게 죽거나 구약의 조상들과 같이 "수명을 채우고 늙어서" 죽은 것이 아니라는 사실을 기억했다. 오히려

예수께서는 노예나 일반적인 범죄자와 같이 수치스러운 나무 위에서 고통 가운데 죽으셨다. 바울이 증언하고 있는 예수는 결코 다른 죽음으로 죽은 것이 아니다. 예수께서는 십자가 위에서 처참하고 치욕적인 방식으로 "우리 모두를 위하여 자신을 내어주셨다."

우리 시대의 신학적인 추론에 따르면, 인간이자 메시아이신 예수의 독특한 죽음의 형태가 거리끼는 것이 분명하게 드러난다. 사람들은 이 거리낌을 모든 가능한 방법을 동원하여 약화시키고, 해소하여, 길들이려 한다. 이 지점에서 우리는 우리의 신학적 반성이 참되다는 것을 증명할 필요가 있다. 고대 시대에 십자가형이 얼마나 가혹했는지 반추해보는 것은 오늘날 신학과 설교에서 종종 간과하는 실체에 대한 중대한 상실을 극복하는 데에 도움이 될 것이다.

| 추기 |

이 독일어판 연구에서 대폭 확대된 영역판은 존 보우덴 (John Bowden)에 의하여 SCM Press, London 1977에서, 그리고 나중에 Augsburg Press, Mineapolis에서 출판되었다(본서 일러두 기에서 밝혔듯, 이 한국어판에서도 영역판에 추가된 내용과 자료를 추가했 다—역주). 이 판본은 지금도 여전히 유통되고 있다. 프랑스어판 Albert Chazelle, *La crucifixion dans l'antiquite et la folie du mes-sage de la croix* (Lectio Divina 105), Paris: Les editions du Cerf. 1981에는 약간의 보충설명을 포함하고 있다. 나와 논쟁하며 이 주제에 대하여 상세하게 다룬 것으로는, Heinz-Wolfgang Kuhn, *Die Kreuzesstrafe während der frühen Kaiserzeit. Ihre Wirklichkeit und Wertung in der Umwelt des Urchristentums*, in: ANRW II.25.1, Berlin/New York 1982, 649-793를 보라. 여기에 서는 로마의 동방 그리스어권에서의 십자가형의 의미가 비사 실적인 방식으로 평가 절하되고 있고, 유대인에게는 "거리끼는 것"(σκάνδαλον)이자 이방인들에게는 "어리석은 것"(μωρία)이라는 선포(고전 1:23)가 고린도 공동체라는 좁은 배경에서 이해되어야 할 뿐 아니라 원칙적으로 바울의 이방 선교 사역의

경험으로 되돌아갈 필요가 있다는 것을 놓치고 있다. 또한 쿤 〔Kuhn〕은 "노예의 형체를 가진 것"(빌 2:7)이 어떤 면에서 "노예의 형벌"로서 경멸을 받고 두려움의 대상이 되었던 십자가 처형과 더불어 생각해야 한다는 것을 부정했다. "주후 한 세기 반 동안, 그리스와 소아시아, 시리아 지역에서 로마인들에 의해 시행된 십자가 처형은 없었다"라는 쿤의 테제는 피소-비문 〔Piso-Inschrift〕을 통해 반박된다. 이에 따르면, 시리아의 통치자 칼푸르니우스 피소가 주후 19년에 안디옥에서 있었던 게르마니쿠스와의 논쟁 중에 한 로마 백부장과 로마 시민들을 십자가에 처형하게 했다고 한다(또한 일반 병사들을 저와 유사한 방식으로 처형시켰다). 로마의 관리들은 강도들이나 반항하고 저항하는 이방인 내지 노예들을 비슷한 방식으로 처형하는 데에 주저함이 없었다. 이는 유대 팔레스타인 지역에서의 방식을 보여준다. 이에 대하여 우리는 다행히도―우리가 역사적인 사료의 부족으로 인해 분명하게 알 수 없는 동방 그리스어권의 다른 지역과는 대조적으로―요세푸스가 제공하고 있는 상세한 자료들을 가지고 있다. 또한 우리는 고대의 소설, 말하자면 루키아노스나 특히 플루타르코스의 꿈에 관한 문학을 통해 적지 않은 자료들에 접근할 수 있다. 타키투스로부터 카시우스 디오에 이르는 로마의 역사가들이 로마와 이탈리아에서의 사건들을 큰 비중으로 다루었기에, 우리는 이들에게서 십자가형에 관한 더욱 많은 정보들을 얻을 수 있다.

피소-비문에 대해서는 다음을 보라. M. Hengel/A. M. Schwemer, *Paulus zwischen Damaskus und Antiochien. Die unbekannten Jare des Apostels* (WUNT 108), Tübingen 1998, 350f. (besonders Anm. 1437). 더욱 자세한 것으로는, John Granger Cook, *Envisioning Crucifixion. Light from Several Inscriptions and the Palatino Graffito*, NT 50 (2008), 1-24 (11f)이 있다. 쿡은 시사하는 바가 많은 이 글에서 무엇보다도 아우구스투스 시대의 푸테올리에서 있었던 끔찍한 십자가형 관습에 관한 방대한 라틴어 비문을 다루었다. 예수의 십자가 처형 이해에 중요한 역할을 하는, 1967년에 출판된 이 글은 신약학자들—나를 포함하여—에게 지금까지 간과되어 왔다. 우리가 라틴어 비문에 거의 관심을 기울이지 않았기 때문이다. 본래는 그리스 권역이었으나 제2차 포에니전쟁 이후로 로마화된 식민도시와 항구도시의 관리자는 "개인 기업"을 만들어 십자가형 시행과 이와 결부된 고문 및 시체를 치우는 일을 했다. 자신의 사업을 위하여 32명의 "동료"들을 고용했는데, 무엇보다도 남녀 노예들을 자신의 마음에 따라 처형했다. 그는 다른 것들보다도 십자가형과 사전 고문을 위해 필요한 도구들을 공급해야 했다. 피 흘리는 "일"을 주문했던 각 개인들은 사형 집행관에게 각각 4 세스테르티우스〔고대 로마의 화폐 단위—역주〕씩 지급했다. 국가의 행정관에 의해 결정된 처형에 대해서, 이 "기업"은 모두 "공짜"로 처리해 주었던 것 같다. 분명히 그는 이 일에 매우 "바빴다." 우리는 이 비문으로부터 큰 로마의 도시들 및, 로마의 관리자가 있었고 지방수도로 간주되었던 고린도나 빌립보, 드로아, 비시디아 안디옥과 같은 동방의 중요한 로마 식민지에도 이와 비슷한 기관이 있었다는 것을 추측할 수 있다. 십자가형이 초기 로마시대, 동쪽 지역에 상대적으로 덜 알려져 있었다는 주장은 정당화될 수 없다.

유대인들과 기독교인들의 십자가 처형에 대한 이해를 위한 또 하나의 작품은 풍부하면서도 비교적 적게 주목을 받은 자료집으로, 2008년에 WUNT (2. Reihe, Bd. 244)에 발간되었다. 이것은 윌리엄 호버리〔William Horbury〕의 지도를 받은 데이비드 W. 챔프먼〔David Champman〕의 박사논문으로 2000년에 케임브리지 대학교에서 통과되었다. 제목은, "고대 유대인과 그리스도인의 십자가 처형 이해"〔Ancient Jewish and Christian Perceptions of Crucifixion〕다. 이 전체적인 작품의 간단한 요약본은 *TynB* 51 (2000), 313-316에서 확인할 수 있다.

I. Barkan, *Capital Punishment in Ancient Athens*, Chicago 1936.

J. M. Baumgarten, Does *tlh* in the Temple Scroll refer to Crucifixion?, *JBL* 91, 1972, 472-81.

E. Benz, *Der gekreuzigte Gerechte bei Plato, im Neuen Testament und in der alten Kirche*, AAMz 1950, no. 12.

J. Blinzler, *Der Prozess Jesu*, Regensburg ⁴1969; ET of 2nd ed., *The Trial of Jesus*, Westminster, Md, 1959.

E. Brandenburger, Σταυρός, Kreuzigung Jesu und Kreuzestheologie, WuD NF 10, 1969, 17-43.

D. W. Champman, *Ancient Jewish and Christian Perceptions of Crucifixion* (WUNT II/244), Tübingen 2008.

J. Cook, Envisioning Crucifixion: Light from Several Inscriptions and the Palatine Graffito, *NT* 50 (2008), 1-24.

E. Dinkier, Jesu Wort vom Kreuztragen, *Signum Crucis. Aufsätze zum Neuen Testament und zur Christlichen Archdologie*, Tubingen 1967, 77-98.

Ders., Das Kreuz als Siegeszeichen, a. a. O., 55-76.

Ders., Kreuzzeichen und Kreuz. Tav, Chi und Stauros, a. a. O., 26-54.

Ders., Zur Geschichte des Kreuzsymbols, a. a. O., 1-25.

P. Ducrey, *Le traitement des prisonniers de guerre dans la Grèce antique, des origines a la conquete romaine*, Paris 1968

Ders., Note sur la crucifixion, *MusHelv* 28, 1971, 183-85.

H. Fulda, *Das Kreuz und die Kreuzigung. Eine antiquarische Untersuchung...*, Breslau 1878.

P. Garnsey, *Social Status and Legal Privilege in the Roman Empire*, Oxford 1970.

L. Gernet, *Anthropologic de la Grece antique*, Paris 1968, 288-329.

E. Grässer, "Der politisch gekreuzigte Christus". Kritische Anmerkungen zu einer politischen Hermeneutik des Evangeliums, in *Text und Situation. Gesammelte Aufsätze zum Neuen Testament*, Güterslok 1973, 302-30.

M. Hengel, *Der Sohn Gottes. Die Entstehung der Christologie und die jüdisch-hellenistische Religionsgeschichte*, Tübingen 1975 ²1977 = Ders., *The Son of God. The Origin of Christology and the History of Jewish-Hellenistic Religion*, ET London and Philadelphia 1976.

Ders., *Crucifixion. In the Ancient World and the Folly of the Message of the Cross*, translated by John Bowden, London 1977.

Ders., *La crucifixion dans l'antiquité et la folie du message de la croix*, traduit par Albert Chazelle, Paris 1981.

Ders., Rabbinische Legende und frühpharisäische Geschichte. Schimeon b. Schetach und die achtzig Hexen von Askalon (AHAW.PH 1984/2), Heidelberg 1984.

H. F. Hitzig, Art. Crux, PRE IV/2, Stuttgart, 1901, 1728-1731.

M. Kähler, Das Kreuz. Grund und Mass der Christologie, Schriften zur Christologie und Mission. *Gesamtausgabe der Schriften zur Mission*, Mit einer Bibliographie, hg. von Heinzgünter Frohnes (ThB 42), München, 1971, 292-350.

E. Käsemann, Die Gegenwart des Gekreuzigten, in *Deutscher Evangelischer Kirchentag Hannover 1967. Dokumente*, Hanover 1967, 424-37 (vgl. 438-62).

Ders., Die Heilsbedeutung des Todes Jesu bei Paulus, in: Ders., *Paulinische Perspektiven*, Tübingen ²1972, 61-107. = Ders., The Saving Significance of the Death of Jesus in Paul, *Perspectives on Paul*, ET London and Philadelphia 1971, 32-59.

A. D. Keramopoullos, Ὁ ἀποτυμπανισμός. Συμβολὴ ἀρχαιολογικὴ εἰς τὴν ἱστορίαν τοῦ δικαίου καὶ τὴν λαογραφίαν (Βιβλιοθήκη τῆς ἐν Ἀθήναις Ἀρχαιολογικῆς Ἑταιρείας 22), Athens 1923.

G. Klein, Das Argernis des Kreuzes, in *Argernisse. Konfrontationen mitdemNeuen Testament*, München 1970, 115-31.

H.-W. Kuhn, Jesus als Gekreuzigter in der friihchristlicher Verkündigung bis zur Mitte des 2. Jahrhunderts, *ZThK* 72, 1975, 1-46.

Ders., Die Kreuzesstrafe wärend der frühen Kaiserzeit. Ihre Wirklichkeit und Wertung in der Umwelt des Urchristentums, (ANRW II.25.1), Berlin/New York 1982, 649-793.

K. Latte, Art. Todesstrafe, *PW* Suppl. VII, 1940, 1599-1619.

H.-G. Link, Gegenwartige Probleme einer Kreuzestheologie. Ein Bericht, *EvTh* 33, (1973), 337-45.

A. W. Lintott, *Violence in Ancient Rome*, Oxford 1968.

J. Lipsius, De Cruce libri tres, Amsterdam 1670

W. Marxsen, Erwagungen zum Problem des verkiindigten Kreuzes, *NTS* 8 (1961/62), 204-14.

J. Moltmann, *Der gekreuzigte Gott. Das Kreuz Christi als Grund und Kritik christlicher Theologie*, München 1972. = *The Crucified God*, ET London and New York 1974.

T. Mommsen, *Römisches Strafrecht*, Leipzig 1899 (Nachdruck Graz 1955).

F.-J. Ortkemper, *Das Kreuz in der Verkundigung des Apostels Paulus. Dargestellt an den Texten derpaulinischen Hauptbriefe* (SBS 24), Stuttgart ²1968.

C. D. Peddinghaus, *Die Entstehung der Leidensgeschichte. Eine traditions-geschichtliche und historische Untersuchung des Werdens und Wachsens der erzahlenden Passionstradition bis zum Entwurf des Markus*, Diss. Heidelberg 1965 (masch.).

G. Q. Reijners, *The Terminology of the Holy Cross in Early Christian Literature as based upon Old Testament Typology*, Diss. Nijmegen 1965.

L. Ruppert, *Jesus als der leidende Gerechte? Der Weg Jesu im Lichte eines alt-undzwischentestamentlichen Motivs* (SBS 59), 1972.

J. Schneider, oravpos ktX., TDNTYII, 1971, 572-84

W. Schrage, Leid, Kreuz und Eschaton. Die Peristasenkataloge als Merkmale paulinischer theologia crucis und Eschatologie, EvTh 34 (1974), 141-75.

J. Stockbauer, *Kunstgeschichte des Kreuzes. Die bildliche Darstellung des Erlosungstodes Christi im Monogramm, Kreuz und Crucifix*, Schaffhausen 1870.

A. Strobel, *Kerygma und Apokalyptik. Ein religionsgeschichtlicher und theologischer Beitrag zur Christusfrage*, Göttingen 1967.

V. Tzaferis, Jewish Tombs at and near Giv'at ha-Mivtar, Jerusalem, *IEJ* 20, 1970, 18-32.

J. Vergote, Les principaux modes de supplice chez les anciens et dans les textes Chretiens, *Bulletin de VInstitut Historique Beige de Rome* 20, (1939), 141-63.

Ders., Folkswerkzeuge, *RAC* VIII, 1972, 112-41.

J. Vogt, Crucifixus etiam pro nobis, *Internationale katholische Zeitschrift* 2, 1973, 186-91.

Ders., *Sklaverei und Humanitat* (Historia Einzelschriften 8), Wiesbaden ²1972.

P. Winter, *On the Trial of Jesus* (SJ 1), Berlin/New York ²1974 (rev. and ed. by T. A. Burkill and G. Vermes).

Y. Yadin, Epigraphy and Crucifixion, *IEJ* 23 (1973), 18-22.

Ders., Pesher Nahum (4Q pNahum) Reconsidered, *IEJ* 21 (1971), 1-12.

A. Zestermann, *Die bildliche Darstellung des Kreuzes und der Kreuzigung Jesu Christi historisch entwickelt, Abteilung 2: Die Kreuzigung bei den Alten*, Leipzig 1868.

| 약어표 |

AAMz	Abhandlungen der Akademie der Wissenschaften
AGJU	Arbeiten zur Geschichte des antiken Judentums und Urchristentums
ANEP	*The Ancient Near East in Pictures*, ed. J. B. Pritchard, Princeton 1954
BGU	Agyptische Urkunden aus den koniglichen Mseen zu Berlin: Griechische Urkunden I-VIII, 1895-1933
BJ	Josephus, *De Bellojudaico*
BZNW	Beihefte zur Zeitschrift fur die Neutestamentliche Wissenschaft
CAH	*The Cambridge Ancient History*
CC	Corpus Christianorum
CIL	Corpus Inscriptionum Latinarum
DJDJ	Discoveries in the Judaean Desert of Jordan
ET	English translation
EvTh	*Evangelische Theologie*
FGH	*Die Fragmente der Griechischen Historiker*, ed, F. Jacoby, Berlin 1923ff., reprinted Leiden 1957ff.
GCS	Die Griechischen Christlichen Schriftsteller der ersten 3 Jahrhunderte
HTR	*The Harvard Theological Review*
IEJ	*Israel Exploration Journal*
JBL	*Journal of Biblical Literature*
LCL	The Loeb Classical Library
MBPF	London and New York Miinchener Beitrage zur Papyrusforschung und antiken Rechtsgeschichte
MGWJ	*Monatsschrift für Geschichte und Wissenschaft des Judentums, Breslau MusHelv Museum Helveticum*
MusHelv	*Museum Helveticum*
NF (NS)	Neue Folge (New Series)

NTS	*New TestamentStudies*
PCZ	*Zenon Papyri*, ed. C. C. Edgar, Vols.I-IV; ed. O. Gueraud and P . Jouguet, V ol. V , Cairo 1925-40
PG	Patrologia Graeca, ed. J. P. Migne, Paris
PGM	*Papyri Graecae Magicae: Die griechischen Zauberpapyri* I-III, ed. K . Preisendanz, 2nd ed. Stuttgart 1973f.
POxy	*The Oxyrhynchus Papyri*, ed. B.P. Grenfell, A. S. Hunt et al., London 1898ff.
PTA	Papyrologische Texte und Abhandlungen
PW	*Paulys Realencyclopädie der classischen Altertumswissenschaft* (2. R. = second row, beginning with R), Stuttgart Reallexikon für Antike und Christentum, Stuttgart 1950ff.
RAC	*Reallexikon für Antike und Christentum*
RdQ	*Revue de Qumran*
RHDF	*Revue historique de droitfranpais et etranger*
Roscher	W. H. Roscher, *Ausführliches Lexikon der griechischen und romischen Mythologie*, Leipzig 1884ff.
SAB	Sitzungsberichte der Deutschen (Preussischen) Akademie der Wissenchaften zu Berlin
SB	*Sammelbuch griechischer Urkunden aus Agypten*, ed. F. Preisigkeetal., Strassburg et al. 1915ff.
SBS	Stuttgarter Bibelstudien
SJ	Studia Judaica
TBLNT	*Theologisches Begriffslexikon zum Neuen Testament*
TDNT	*Theological Dictionary of the New Testament*
ThB	Theologische Bücherei
ThLL	*Thesaurus Linguae Latinae*
ThViat	*Theologia Viatorum*
WdF	Wegeder Forschung, Darmstadt
WuD	*Wort und Dienst, Jahrbuch der theologischen Schule Bethel*
WUNT	Wissenschaftliche Untersuchungen zum Neuen Testament
ZTK	*Zeitschrift für Theologie und Kirche*

| 성구/인명색인 |